LA CYBERCULTURE

JÉRÔME COLOMBAIN

LES ESSENTIELS MILAN

Sommaire

Les mots suivis d'un astérisque (*) sont expliqués dans le glossaire.

Être ou ne pas être cyber ?

1994-1995 : le « phénomène multimédia* » explose. Les prix des ordinateurs baissent (en 1995, il se vend plus de micro-ordinateurs que de voitures), la production de CD-Rom* décolle et la France découvre Internet*. Les radios se mettent à programmer des émissions consacrées au « Net » (Internet), les articles de presse foisonnent, les appareils électroniques les plus divers envahissent notre quotidien, certains couturiers présentent même d'éphémères collections « cyber* ». Une mode ? Plutôt une véritable révolution ! L'informatique, devenue multimédia et communicante, s'impose dans tous les secteurs de l'activité humaine : économique, social, culturel, ludique, médical, etc. Aujourd'hui, les lycéens étudient sur CD-Rom, les jeunes branchés s'entretuent « virtuellement » par Internet dans les cybercafés*, le cinéma devient « numérique » et la lecture « interactive » ! Cette aventure ne touche plus seulement une poignée de bidouilleurs, elle concerne chacun de nous. « *L'informatique n'est plus une histoire d'ordinateur, c'est un mode de vie* », écrit Nicholas Negroponte, fondateur du Media Lab*. Cet ouvrage fait le point sur les nouvelles techniques et aborde les aspects sociologiques, voire les questions philosophiques, liés à cette révolution technologique. Un phénomène dont l'essentiel tient en un mot : cyberculture.

L'ordinateur

C'est l'invention majeure du XXe siècle. L'ordinateur est au cœur de la cyberculture. Il permet de jouer, de travailler ou de communiquer. Il est partout. Au risque de déplaire...

L'ordinateur le plus puissant du monde
Conçu par la firme américaine Intel, il contient 9 000 microprocesseurs Pentium Pro et peut effectuer 1 000 milliards d'opérations par seconde ! En 1946, le premier ordinateur, l'ENIAC, pesait 50 tonnes et calculait 5 000 additions à la seconde.

Loi de Moore
Établie en 1965 par le physicien Gordon Moore, elle prévoit que les microprocesseurs verront leur puissance multipliée par deux et leur prix diminué de moitié tous les dix-huit mois. Cette loi s'est toujours vérifiée jusqu'à présent.

Un outil omniprésent

Les ordinateurs font fonctionner les trains, les avions, les feux de circulation, les banques, les hôpitaux, les usines ou encore les exploitations agricoles. À la maison, l'ordinateur permet de faire ses comptes, de s'instruire, de se divertir (grâce aux CD-Rom*) ou de communiquer (via Internet*). En dix ans, les micro-ordinateurs ont vu leur puissance multipliée par 1000 et leur prix divisé par 5. Malheureusement, ils demeurent chers et, de plus, deviennent très vite obsolètes. Leur usage s'est considérablement simplifié. Mais il faut encore un minimum de connaissances pour les manipuler. Un ordinateur est complexe, mais une voiture l'est aussi pour qui n'a jamais conduit.

Drôle de machine

Un ordinateur ressemble à une voiture. Au cœur se trouve le microprocesseur (ou puce), c'est-à-dire le moteur chargé d'effectuer tous les calculs. Plus le microprocesseur est puissant et plus l'ordinateur est performant. Le disque dur* est un peu le coffre à bagages de l'ordinateur qui sert à stocker les programmes (ou logiciels) et les fichiers de données. L'écran (ou moniteur) fait office de tableau de bord. À ces éléments de base viennent s'ajouter des « périphériques » tels que : clavier et souris (volant), lecteurs de disquettes* et de CD-Rom (porte-bagages), carte sonore, haut-parleurs et micro (autoradio), etc. Les logiciels enfin sont, en quelque sorte, l'indispensable permis de conduire de l'ordinateur.

La peur de l'ordinateur

L'ordinateur effraie. Certains craignent de subir un jour une sorte de dictature de la machine. Pourtant, l'informatique fait progresser la science, modernise le travail

L'achat : un casse-tête

Choisir un micro-ordinateur personnel est toujours un parcours du combattant. Il faut se documenter, examiner les caractéristiques techniques et comparer les prix. Heureusement, avec le développement du multimédia grand public, l'offre se simplifie et des standards commencent à apparaître. Il devient – presque – possible de demander à un vendeur : « *Donnez-moi un ordinateur pour utiliser des CD-Rom et aller sur Internet.* »

et améliore le confort de tous les jours. Mais elle a aussi, c'est vrai, ses défauts : elle impose de nouvelles contraintes, supprime des emplois (mais en crée d'autres), engendre le piratage (*voir* pp. 44-45) et peut même être source d'« accidents informatiques » (une erreur de comptes dans une entreprise ou même l'explosion d'une fusée ! Toutefois, une erreur est presque toujours d'origine humaine : *bug**, virus* ou fausse manipulation). Malgré son inévitable cortège d'effets pervers, l'informatique envahit notre quotidien.

Une culture ?

La cyberculture est-elle une culture ? Nous rendra-t-elle plus intelligents ? Vaste débat. Les nouvelles technologies de communication et d'information (NTCI) contribuent, théoriquement, à l'accroissement du savoir. Mais avant tout, elles impliquent d'acquérir certaines connaissances pour pouvoir les utiliser. En ce sens, il s'agit bien d'une culture. On voit même naître une forme de création artistique spécifique (*voir* pp. 26-27). Mais surtout, l'informatique est un formidable jeu ! (C'est sans doute cette dimension ludique qui explique son succès auprès des plus jeunes.) Son extraordinaire développement marque un bouleversement technologique mais également un phénomène de société.

L'ordinateur, omniprésent, bouscule nos habitudes. Toujours plus puissant et moins cher, il est le passage obligé vers la cyberculture. Apprenons à le maîtriser pour ne pas en être esclave.

Le numérique

Des milliards de 0 et de 1 circulent dans les circuits des ordinateurs ! C'est la magie du numérique. Une révolution technologique.

Révolutionnaire !

Quelle technologie permet d'écouter de la musique sur une chaine hi-fi avec une qualité équivalente à celle d'une salle de concert ? de réaliser de formidables effets spéciaux cinématographiques ? de stocker sur une puce de la taille d'un timbre-poste l'équivalent de dix ouvrages de Shakespeare ? de visiter le Louvre « virtuel* » via Internet* ? C'est le numérique. Ce procédé, utilisé de manière croissante depuis quarante ans, permet de traiter, stocker et transmettre des informations (textes, voix, sons, photos, vidéos) de manière performante, économique et fiable. Le numérique est le langage des ordinateurs mais c'est aussi, de plus en plus, la technologie de tous les moyens modernes – au sens large – de communication.

Langage de chiffres

Les machines électroniques (ordinateurs, lecteurs de CD, distributeurs de billets...) ne parlent qu'un seul dialecte : celui des nombres 0 et 1. Ce langage est appelé « binaire » ou « digital ». 0 représente un interrupteur ouvert (le courant ne passe pas) et 1 symbolise un interrupteur fermé (le courant passe). Pour l'ordinateur, la lettre « A », par exemple, correspond à une certaine combinaison de 0 et de 1, tandis

Téléportation !
En 1996, deux chercheurs de l'université de Stanford (États-Unis) sont parvenus à expédier une petite statuette par... ordinateur. L'objet a été numérisé puis transmis et reconstitué à l'autre bout de la Californie grâce à une machine contenant un liquide ayant la propriété de se solidifier. La téléportation d'être vivant n'est pas encore possible mais le fax en trois dimensions est né !

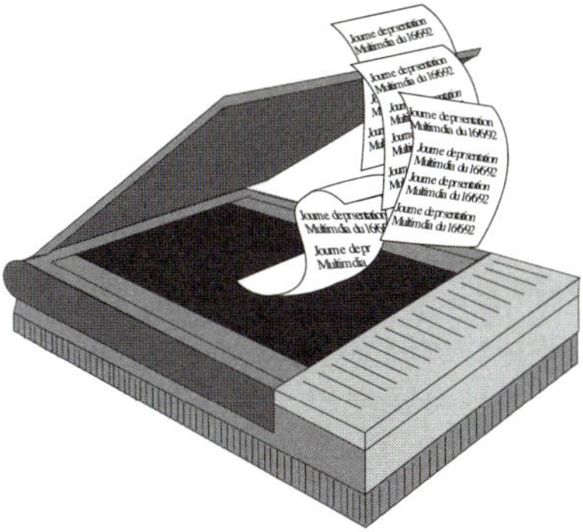

que « B » équivaut à une autre combinaison, et ainsi de suite. Pour enregistrer une valse de Chopin sur CD ou sur ordinateur, il faut la coder sous forme de 0 et de 1. Voilà en quoi consiste le numérique.

Numérisation
Procédé consistant à transformer un document analogique en fichier informatique. Par exemple, lorsque l'on passe une photographie dans un scanner* pour pouvoir ensuite la traiter par ordinateur (synonyme : digitalisation).

Numérique contre analogique

Le numérique est le contraire de l'analogique. En mode analogique, l'information est traitée sous forme de signaux électriques continus d'intensité variable. Par exemple, un son est plus ou moins grave ou aigu selon que le courant est plus ou moins intense. En numérique, les sons ou les images correspondent à des séries de 0 et de 1 transmis par un signal électrique constant. Les informations numériques ont un point commun : elles peuvent toutes être traitées par ordinateur (ce qui est impossible en analogique). Ainsi, le numérique assure une sorte d'universalité technologique.

Unités numériques
- **Octet : 8 bits* (un caractère)**
- **Ko (Kilooctet) : 1 000 octets**
- **Mo (mégaoctet) : 1 million d'octets**
- **Go (gigaoctet) : 1 milliard d'octets.**

L'ère numérique

La plupart des téléphones, téléviseurs, magnétoscopes ou tuners actuels fonctionnent encore en mode analogique. Les téléphones mobiles, au contraire, sont entièrement numériques. Des téléviseurs haut de gamme numériques font également leur apparition. La déferlante du numérique submerge notre environnement technique. Les « puces » s'imposent partout : musique, radio, télévision, cinéma, téléphonie, électroménager, etc. C'est « l'ère numérique ». Tous ces appareils étant potentiellement « compatibles », un jour il sera possible de brancher son téléviseur, son téléphone ou... sa cafetière sur son ordinateur.

> Le numérique est le langage de l'informatique. Il envahit tous les appareils modernes. Partout où il y a des puces, il y a du numérique.

CD-Rom, CD-I, DVD, etc.

Il faut des supports pour stocker les programmes multimédias de plus en plus lourds. Les CD-Rom, CD-I ou DVD sont des disques numériques dédiés à cette fonction de conservation.

« Cédérom »
C'est le mot français officiel pour CD-Rom (Académie française, juin 1996).

Le CD-Rom

Le CD-Rom (*Compact Disc-Read Only Memory*/disque compact à mémoire morte) est un dérivé du CD-Audio traditionnel.

D'apparence identique (un petit disque de 12 cm de diamètre), il renferme non pas de la musique mais des données informatiques. Il peut contenir l'équivalent de 275 000 pages de texte ! Lancé par Sony et Philips en 1985, le CD-Rom a dû attendre 1990-1995 avant de connaître un véritable succès commercial. C'est aujourd'hui le support standard des applications multimédias* (*voir* pp. 10-11) pour ordinateur (jeux, programmes éducatifs, encyclopédies, etc.). Le prix d'un CD-Rom varie en fonction de son coût de fabrication et de son contenu (300 F en moyenne). Certains CD-Rom sont conçus pour s'utiliser en association avec Internet* : ainsi, par exemple, une encyclopédie sur CD-Rom peut-elle être actualisée « en ligne* » via le site* de l'éditeur sur Internet au fur et à mesure de l'évolution des connaissances.

Capacité
Un CD-Rom a une capacité de 640 mégaoctets (*voir* pp. 6-7), soit l'équivalent de plus de 450 disquettes de 1,4 Mo. Un DVD a une capacité de 4,7 à 17 gigaoctets, soit 7 à 26 CD-Rom.

Les autres « CD »

Il existe de nombreux types de « CD » :

- Le CD-Audio (Compact Disc Audionumérique) est à l'origine de tous les autres CD. Inventé par Sony et Philips en 1982, il a remplacé le disque vinyle analogique et s'est imposé comme support universel pour la musique.
- Le CD-I (CD interactif) est un autre type de CD multimédia inventé en 1989 par Philips. Il s'utilise non pas sur un ordinateur mais sur un lecteur spécifique

connecté à un téléviseur (ou sur un lecteur portable équipé d'un écran). Le CD-I ne rencontre pas un grand succès commercial (disparaîtra-t-il au bénéfice du CD-Rom ou du DVD comme avant lui, en vidéo, le Betamax au profit du VHS ?).

– Le CD-Photo, créé par Kodak à la fin des années 1980, est une sorte d'album photo électronique. Il peut être lu par un lecteur CD-Rom, un lecteur de CD-I ou un lecteur spécifique.
– Le CD-Vidéo (ou Vidéodisque) est l'équivalent numérique de la vidéocassette (mais non réenregistrable). Plus grand que le CD-Audio, il s'utilise uniquement sur un lecteur de CD-Vidéo connecté à un téléviseur.
– Le CD-Extra (ou CD-Plus) est un mélange de CD-Rom et de CD-Audio. Il s'utilise sur un ordinateur ou bien, pour la partie musicale, sur un lecteur de CD-Audio.

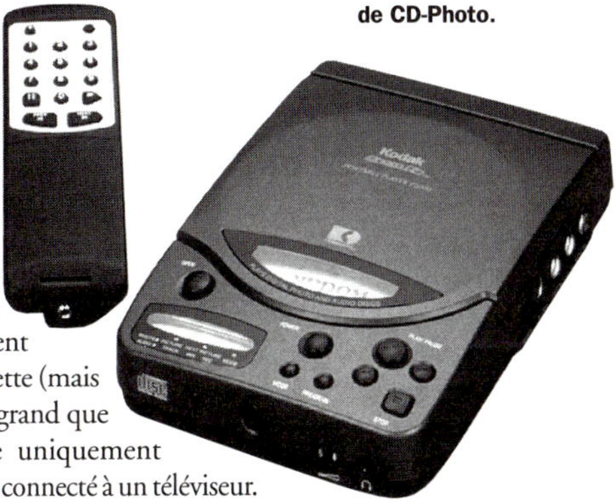

Un lecteur de CD-Photo.

Le géant DVD

Le DVD (*Digital Versatile Disc*, son premier nom était *Digital Video Disc*, en français : disque vidéo digital) est une nouvelle invention de Sony et Philips. Il devrait, à terme, remplacer tous les types de CD et même les vidéocassettes. Le DVD a une très grande capacité : il peut contenir, suivant le type, l'équivalent de 7 à 26 CD-Rom ! Un miracle technologique rendu possible par la superposition de plusieurs épaisseurs de matière – donc de plusieurs couches d'informations – lisibles par un très fin rayon laser. Il existe plusieurs types de DVD : DVD-Rom, DVD-Audio et DVD-Vidéo. Ces derniers, dans leurs versions futures, pourront contenir jusqu'à neuf heures de films doublés et sous-titrés en plusieurs langues ! Le DVD devrait devenir le support universel à la fois pour le son, la vidéo et les données informatiques. Un beau programme...

La famille CD compte de nombreux membres : CD-Audio, CD-Rom, CD-I, CD-Photo, CD-Vidéo, CD-Extra et DVD. Seuls le CD-Rom et le DVD semblent s'imposer pour le multimédia.

Le multimédia

Du texte, des images et du son ! Le multimédia a révolutionné l'informatique en rendant l'ordinateur plus sympathique et plus utile.

Précision
Le mot multimédia vient de « multi » et de « médias », c'est-à-dire association de plusieurs médias.

Du texte à l'image

Pendant longtemps, l'informatique était incapable de traiter autre chose que des chiffres et des lettres. Les écrans des ordinateurs affichaient d'austères lignes de codes et quelques modestes symboles graphiques. Pendant ce temps, la télévision, déjà en couleur, nous habituait à des images toujours plus réalistes ; le fossé était grand. Puis vinrent les « interfaces graphiques » avec l'ordinateur MacIntosh (1984) et le programme Windows* pour PC* (1985) : des menus déroulants et des icônes cliquables à la souris rendirent le micro-ordinateur plus « convivial ». Enfin, au début des années 1990, les ordinateurs personnels commencèrent à savoir produire du son (grâce à l'ajout de cartes électroniques appropriées) et des images de plus en plus sophistiquées. On vit se développer des applications interactives* associant ces trois « médias » (texte, son et image) sur CD-Rom* et sur Internet*. Le multimédia était né.

Du PC à la TV

Le terme « multimédia » est à la mode depuis 1994. C'est l'arrivée du CD-Rom qui a tout changé. Enfin un support capable de stocker les millions de bits* nécessaires à la reproduction de sons et d'images numériques ! L'informatique personnelle a alors fait un bond en avant en devenant plus attrayante et accessible au grand public. Depuis, le multimédia ne cesse de se moderniser : traitement de l'image sans cesse plus performant (grâce aux techniques de compression*), lecteurs de CD-Rom toujours plus rapides, etc. Aujourd'hui, les ordinateurs ressemblent de plus en plus à des téléviseurs (on peut visionner un film vidéo numérique sur l'écran de son PC) et les téléviseurs, bourrés de puces électroniques, deviennent presque des ordinateurs. Le téléphone (ou le câble) s'insère dans ce dispositif, il permet d'établir un contact avec l'extérieur. C'est tout cela aussi le multimédia.

Interactivité
C'est la possibilité d'intervenir sur le déroulement d'un programme en cliquant sur des icônes ou des mots clés. Une propriété inhérente au multimédia.

Multi... définitions

Le terme « multimédia » a donc plusieurs définitions. En fait, le sens de ce mot évolue au fur et à mesure que les techniques avancent. Aujourd'hui, le multimédia désigne tout ce qui touche aux CD-Rom, à Internet* et au développement de l'informatique dans les foyers. Il indique aussi la fusion technologique naissante entre l'ordinateur, la télévision et le téléphone. Mais on parlait déjà de multimédia également aux États-Unis à la fin des années 1970 pour décrire les alliances commerciales entre entreprises de presse et de cinéma. Somme toute, chacun peut mettre dans ce mot le sens qu'il veut : tel monsieur Jourdain faisant de la prose sans le savoir, quelqu'un qui regarderait la télévision tout en écoutant la radio et en lisant le journal ferait, lui aussi, en quelque sorte, du multimédia....

Hypertexte

C'est la possibilité de passer d'un texte à un autre en cliquant sur un mot clé (un lien hypertexte). Ce procédé existait déjà dans certaines encyclopédies sur papier. L'hypertexte rompt le principe de lecture linéaire au profit d'une lecture « zapping ».

Ordinateur multimédia

C'est un ordinateur doté d'un lecteur de CD-Rom, de haut-parleurs et éventuellement d'un modem*, et répondant aux caractéristiques de la norme MPC (*Multimedia Personal Computer*).

Multimédia : association de textes, de sons et d'images pouvant provenir de différentes sources. Internet et les CD-Rom sont des produits multimédias.

Du téléphone à Internet

Grâce à Internet, l'ordinateur s'ouvre sur le monde et devient communicant. Une formidable invention ! Visite guidée.

Se connecter
Pour accéder à Internet, un particulier doit s'abonner auprès d'un fournisseur d'accès* (environ 100 F par mois) et payer ensuite des communications téléphoniques au tarif local (proportionnelles au temps de connexion). Il est également possible de se connecter par câble ou par satellite grâce à un équipement spécifique.

Gratuité
Hormis l'abonnement auprès du fournisseur d'accès, les communications téléphoniques et d'éventuels achats sur le Web, tout est gratuit sur Internet. Le prix est sans rapport avec la distance. Communiquer avec les États-Unis ou avec le coin de la rue coûte le même prix.

Un réseau de réseaux

Inventé par les militaires américains dans les années 1970, Internet est un système d'interconnexion de réseaux informatiques à l'échelle mondiale. Il fédère environ 70 000 réseaux à travers la Terre entière. Jadis réservé aux universitaires et aux spécialistes, il a été ouvert au grand public en 1994. Il est aujourd'hui accessible à tous par ordinateur ou même via un téléviseur. Internet permet de dialoguer avec le monde entier, d'échanger du courrier électronique, d'accéder à des informations visuelles ou sonores de toutes sortes, de jouer, de faire ses courses, etc. Bref, de... communiquer.

Multiples facettes

Internet propose plusieurs « services » :
– le « World Wide Web » (toile d'araignée mondiale) est une gigantesque banque de données mondiale multimédia*. Le « Web » est constitué de millions de « sites* » qui sont autant de musées, journaux électroniques, galeries marchandes, sites personnels, etc. Faire du « commerce électronique » consiste à acheter des articles de presse, des vêtements, des disques ou toutes sortes d'autres produits (livrés ensuite à domicile) via le Web ;
– le « courrier électronique » (*e-mail*) permet d'échanger des messages écrits ou des fichiers informatiques (photo numérisée, – *voir* pp. 6-7 –, enregistrement sonore, etc.) avec des correspondants dans le monde entier pour le prix d'une communication téléphonique locale. C'est une sorte de fax planétaire sans papier ;
– les « forums de discussion » (*newsgroups*) et l'IRC (*Internet Relay Chat*) sont des « salons virtuels » de discussion où les internautes* dialoguent entre eux par claviers interposés. Il existe des forums sur les thèmes

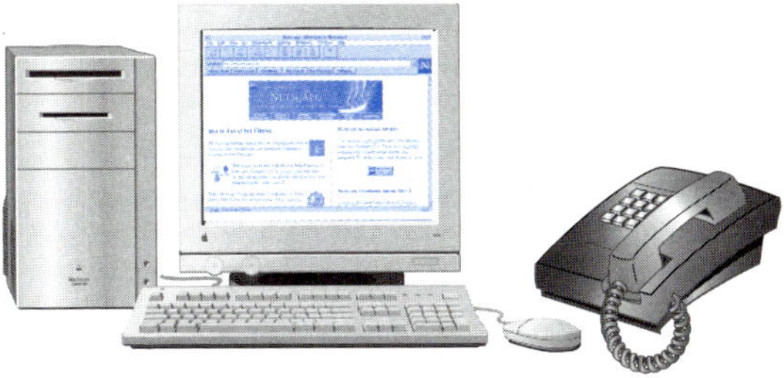

les plus divers (science, commerce, pêche à la ligne, etc.) ;
– il est également possible de téléphoner et de faire de la visiophonie* via Internet... à moindres frais.

Une révolution ?

L'avènement d'Internet est probablement aussi important que l'invention du téléphone ! Malheureusement (ou heureusement selon les points de vue...), son développement est complètement anarchique. Internet est ouvert à tous mais y accéder est encore compliqué, l'utiliser n'est pas moins complexe, la législation est incertaine, les problèmes techniques sont nombreux, etc. Pourtant, Internet s'impose comme un nouveau moyen de communication, de commerce et même de création artistique (*voir* pp. 26-27). Il n'appartient à personne en particulier puisqu'il est composé d'un enchevêtrement de réseaux informatiques privés et publics. Chacun devrait bientôt pouvoir s'y connecter facilement.

Successeur du téléphone

Internet va-t-il remplacer le téléphone ? Il apparaît en tout cas comme son digne descendant. Selon des experts, 50 % des communications mondiales se feront via Internet en 2001. Aujourd'hui, nous utilisons des combinés branchés sur des réseaux téléphoniques classiques. Demain, nous communiquerons sans doute par ordinateurs grâce à Internet. Certes, pour l'instant, le réseau mondial n'en est qu'à ses balbutiements. Mais il faut imaginer ce qu'il sera dans le futur. Il s'améliore sans cesse. Il annonce l'avènement des autoroutes de l'information (*voir* pp. 50-51). Un univers virtuel mais un outil bien réel !

Combien d'internautes* ?
Environ 50 millions dans le monde, dont à peine 100 000 à 500 000 en France. Mais on prévoit 500 millions à 1 milliard d'utilisateurs en l'an 2000 sur toute la planète.

Ville virtuelle
Internet n'est pas figé, c'est un univers en perpétuelle évolution. C'est une sorte de gigantesque ville planétaire virtuelle où chacun construit des rues (les liaisons électroniques) et des maisons (les sites Web) pour son usage personnel et pour les autres.

Internet est un nouvel espace social, économique et culturel 100 % électronique. Il apparaît comme le futur système universel de communication.

Les objets cyber

L'ordinateur se glisse dans la poche, le téléphone perd ses fils et la télévision se branche sur Internet. Des appareils et des gadgets toujours plus étonnants accompagnent l'ère « cyber ».

Écrans souples

Dans le futur, il existera des écrans souples que l'on pourra rouler sous le bras ou accrocher au mur comme un tableau !

Attention !

Sans que cela soit vraiment établi scientifiquement, le travail prolongé devant un écran d'ordinateur peut avoir des effets néfastes sur la santé, notamment sur la vue. Les ondes électro-magnétiques qui rayonnent des téléphones mobiles pourraient également provoquer des troubles cérébraux.

Ordinateurs en tout genre

L'ordinateur est le premier des « objets cyber ». Il se décline sous de multiples formes :

– l'ordinateur de bureau : toujours plus puissant, il cherche aujourd'hui à s'installer à la maison. Pour cela, il soigne son look avec des lignes plus douces et des couleurs plus agréables ;

– l'ordinateur portable présente l'avantage de pouvoir être transporté partout. À performances égales, il coûte généralement deux fois plus cher qu'un ordinateur de bureau traditionnel ;

– l'ordinateur de poche (ou *PDA* = *Personal Digital Assistant*/assistant digital personnel) est un petit frère de l'ordinateur portable. C'est tout à la fois un agenda, un répertoire, un appareil de traitement de texte et, éventuellement, un terminal Internet*. Il n'est pas censé se substituer à l'ordinateur de bureau mais le seconder (les données peuvent être transférées, par câbles, de l'un à l'autre) ;

– l'organiseur électronique est une version basique de l'ordinateur de poche qui permet de stocker des rendez-vous et des numéros de téléphone (*voir* pp. 56-57).

Terminaux Internet

De nouveaux appareils, que l'on peut nommer « terminaux Internet », font leur apparition :

– le NC (*Network Computer*/ordinateur de réseau) est une sorte d'ordinateur « idiot » conçu exclusivement pour se brancher sur le réseau mondial. Environ quatre fois moins cher qu'un ordinateur classique, il est dépourvu de disque dur* et puise toute son intelligence (les logiciels) sur Internet. Le NC est surtout destiné aux entreprises ;

– le « décodeur Internet » permet d'accéder à Internet via sa télévision sans ordinateur. Ce petit appareil, dérivé du NC, se branche à la fois sur un téléviseur et sur une ligne téléphonique (ou sur une prise câble). Il permet de surfer* sur le Web* et d'échanger du courrier électronique. Il est pourvu d'une télécommande et d'un clavier infrarouge sans fils. Des constructeurs préparent aussi des téléviseurs avec décodeurs Internet intégrés.

Nokia 9000, un ordinateur-téléphone mobile. Début 1997, la France compte deux millions d'abonnés au téléphone mobile.

Téléphones mobiles et messagers de poche

– Le téléphone mobile est un compagnon indispensable du « cyber-citoyen ». Il permet de joindre et d'être joint à tout instant. Connecté à un ordinateur, il peut également transmettre des données informatiques. Longtemps réservé à un usage professionnel en raison de son prix, le téléphone mobile se banalise et devient, plus qu'un gadget, un élément indispensable du confort moderne.
– Le messager de poche (ou *pager* en anglais) est un petit récepteur de radiomessagerie, pouvant s'accrocher à la ceinture, qui permet de recevoir des messages courts (numéros de téléphone à rappeler, flashs infos, courrier électronique*) sur un petit écran incorporé. Bon marché, il rencontre un vif succès, notamment auprès des jeunes.

Objets « hybrides » et « nomades »

Nombre de ces appareils modernes sont « hybrides ». Ils peuvent remplir plusieurs fonctions à la fois. Aujourd'hui, on peut envoyer un fax par ordinateur et surfer sur Internet via son téléviseur.
Ces objets deviennent également « nomades ». Miniatures, sans fils, ils sont conçus pour accompagner l'homme moderne dans ses déplacements incessants. Ils lui permettent de rester en permanence en contact avec ses interlocuteurs et ses sources d'informations habituels (techniquement, leur point faible, c'est encore les batteries, qui n'ont pas une grande autonomie et demeurent chères). En rendant leurs propriétaires constamment joignables, ces objets « nomades » apportent une nouvelle liberté mais aussi une nouvelle forme d'esclavage.

De nouveaux appareils électroniques voient le jour. Ils sont souvent « hybrides », « nomades » et communicants.

La prise de vue numérique

La photographie et la vidéo font leur entrée dans la cyberculture : voici les appareils photo et les Caméscope numériques. Aperçu des différents systèmes.

Divorce
Le numérique permet de réécrire l'histoire : une personne divorcée peut faire disparaître d'une photographie l'image de son ex-conjoint. Certains laboratoires américains se sont spécialisés dans ce « révisionnisme conjugal ».

L'APS

Les appareils photo et pellicules APS (*Advanced Photo System*) ont été lancés par Kodak, Fujifilm, Canon, Minolta et Nikon en avril 1996. Il s'agit d'une avancée technologique majeure dans le domaine de la photographie. D'abord, le chargement de la pellicule dans l'appareil s'effectue de manière entièrement automatique sans amorçage manuel du film. Ensuite, il est possible de choisir, à chaque prise, entre trois formats de vue : classique, large ou panoramique. L'APS n'est pas à proprement parler un appareil photo numérique* puisque le film reste une pellicule classique. Mais des informations numériques y sont également enregistrées (c'est là que réside l'innovation !). Les photos développées peuvent être tirées sur papier ou stockées sur disquette. Il existe aussi des lecteurs vidéo permettant de visionner directement les clichés sur son téléviseur ou sur l'écran de son ordinateur. L'APS allie la qualité d'une pellicule traditionnelle avec des éléments de confort supplémentaires propres au numérique. C'est l'appareil photo grand public moderne (attention, les appareils APS ne fonctionnent qu'avec des pellicules APS et vice versa).

Scanner
À défaut d'appareil de prise de vue numérique, pour transformer une image fixe en un fichier numérique, il faut avoir recours à un scanner*.

Les appareils photo numériques

Les appareils 100 % numériques capturent les images non plus sur des films classiques mais dans des mémoires numériques. Ces mémoires sont internes à l'appareil (sous forme de puces) ou amovibles (petites cartouches). Les photos sont visibles immédiatement sans passage chez un photographe : il suffit de brancher l'appareil sur un ordinateur, un téléviseur ou un vidéoprojecteur.

Il est ainsi possible de trier, retoucher et archiver ses clichés sur ordinateur et de constituer des « albums électroniques ». Les images (déjà numériques) peuvent être facilement intégrées à une animation multimédia* ou à un site* Web sur Internet*. Elles peuvent bien entendu être imprimées sur papier. Inconvénient : la qualité des photos numériques est inférieure à celle des photos classiques. Ce type d'appareil est idéal pour prendre rapidement un cliché du petit dernier et l'envoyer immédiatement, par courrier électronique*, à un parent éloigné à l'autre bout de la Terre...

Quicktake, un appareil photo numérique fabriqué et vendu par Apple.

Les appareils photo et les Caméscope numériques se marient à merveille avec l'ordinateur. Avec la prise de vue numérique, le multimédia gagne encore un peu plus notre quotidien.

Les Caméscope numériques

Les Caméscope numériques fonctionnent selon le même principe que les appareils photo numériques. Ils permettent d'enregistrer 15 à 120 minutes de vidéo (selon le format sélectionné). Le vidéoamateur numérique peut faire son montage chez lui sur son ordinateur. Encore mieux : les Caméscope numériques DV (*Digital Video*), plus perfectionnés, miniatures, assurent une qualité d'image et de son étonnante. Ils offrent en plus une fonction photo qui permet de prendre des clichés fixes.

La télévision numérique interactive

La télévision est en pleine mutation. Bientôt, le téléspectateur pourra commander des films, participer à des jeux ou faire son tiercé du bout de sa télécommande.

Le téléviseur-ordinateur

La télévision classique (analogique, 625 lignes par écran, tube cathodique, son mono) devrait peu à peu céder la place à une télévision à haute définition (numérique*, 1250 lignes, écran plat, stéréo) et interactive*, c'est-à-dire capable d'acheminer un « signal réponse » du consommateur au fournisseur de programmes. Films à la demande, visioconférence, télésondages, Internet*, téléachat*... La télévision du futur ressemblera à un ordinateur (à moins que cela ne soit le contraire...) et offrira de nombreux services. Cette révolution est en marche. Elle est rendue possible par le perfectionnement des téléviseurs, du satellite, du câble et de la compression* numérique. Déjà, aujourd'hui, on ne reçoit plus la télévision comme il y a dix ans : l'offre de programmes est bien plus grande. En contrepartie, il est beaucoup plus difficile de s'y retrouver...

Équipement

98 % des foyers français ont la télévision, 8 % environ sont abonnés au câble et à peu près autant disposent d'une parabole.

CanalSatellite

Cette société regroupe trente chaînes de TV et douze radios : les six chaînes françaises, LCI, Eurosport, La Chaîne météo, Voyage, France courses, NBC, CNN, Ciné cinémas, Canal +, C:, France Info, Europe 1, RFM, etc.

Satellite et câble

Dès aujourd'hui, des millions d'images pleuvent des étoiles. Des centaines de chaînes sont diffusées par satellite : françaises ou étrangères, de télévision ou de radio, numériques ou analogiques, en clair ou cryptées, gratuites ou payantes. Comment les recevoir ? De deux manières : soit directement grâce à une parabole personnelle, soit par câble. La parabole permet de capter les chaînes satellitaires gratuites (TF1, FR2, CNN, chaîne arabes, etc.), le câble donne accès à un bouquet composé par un câblo-opérateur qui peut comprendre à la fois des chaînes satellitaires et des chaînes terrestres hertziennes (attention, ni le câble ni le satellite ne dispense d'un décodeur dans le cas d'une chaîne cryptée). Mais ces programmes ne sont pas encore interactifs.

Conseil interactif
La municipalité d'Issy-les-Moulineaux (Hauts-de-Seine) a lancé en janvier 1997 une expérience de « conseil municipal interactif ». Les débats sont retransmis sur une chaîne de télévision locale par câble (T2i) et les habitants sont invités à se prononcer en direct sur des questions d'actualité via Internet ou par téléphone.

Bouquet numérique

La nouveauté : le bouquet numérique. C'est un ensemble de chaînes numériques distribuées par un opérateur unique (comme un bouquet de fleurs...). Il existe trois bouquets français par satellite : CanalSatellite, TPS et AB-Sat. Pour recevoir l'un de ces bouquets, il faut être équipé d'une parabole puis souscrire un abonnement auprès de CanalSatellite, TPS ou AB-Sat. Ces bouquets ouvrent la voie à l'interactivité avec des prestations comme les films payables à la séance ou le téléchargement* de jeux informatiques (chaîne C : direct) sur l'ordinateur connecté à la télévision. Cette télévision numérique va devenir de plus en plus interactive. Il sera bientôt possible de faire ses courses sur écran, grâce à des services de téléachat, et par exemple de commander des disques ou des fleurs avec sa télécommande.

Internet à la télé

Internet sur le téléviseur du salon ? C'est désormais possible grâce aux « décodeurs Internet* » (*voir* pp. 14-15). L'ordinateur n'est plus l'unique moyen d'accéder au réseau mondial. Grâce au WebTV (Sony) ou à la Netbox (Netgem), on peut surfer* sur le Web* et envoyer du courrier électronique* via sa télé. Ainsi, peu à peu, un écran unique en vient à fédérer différentes sources d'informations. Bientôt, nous zapperons de France 2 au Web de La Redoute en « passant » par le guichet électronique de la mairie pour commander un passeport. Plus tout à fait une télévision ? Une vraie télévision numérique interactive !

La télévision devient numérique et interactive : le téléspectateur n'est plus passif, il peut faire entendre sa voix.

Tout le savoir du monde en numérique

Médiathèques informatisées, banques de données en ligne, musées virtuels... Peu à peu, le patrimoine mondial est numérisé. Grâce aux réseaux de communication, il devient accessible à tous.

Bibliothèques numériques

Jadis, les bibliothèques avaient pour vocation exclusive de conserver des livres. Aujourd'hui, elles contiennent aussi des CD-Rom et sont équipées de bornes publiques multimédias* (des ordinateurs réservés à la consultation). Sans qu'il soit question d'abandonner complètement les ouvrages imprimés sur papier, le stockage, même partiel, de documents sur disques durs* ou sur supports informatiques se développe largement. Il présente en effet de multiples avantages : facilité de consultation, gain de place, protection contre l'usure du temps, consultation à distance... Tandis qu'un livre emprunté dans une bibliothèque traditionnelle laisse un emplacement vide sur une étagère, un ouvrage numérique* peut être lu par de nombreuses personnes à la fois.

BNF
La Bibliothèque nationale de France est l'une des plus importantes bibliothèques « numériques » du monde : 100 000 documents, représentant 30 millions de pages, ont été numérisés* et 300 000 images sont en cours de numérisation qui, dans le futur, seront consultables à distance.

Archives virtuelles

Le virtuel* constitue l'avenir de l'archivage des connaissances humaines. Les documents numériques peuvent être consultés sur place dans les bibliothèques ou à distance via les réseaux informatiques comme Internet*. Il sera bientôt possible d'accéder à des ouvrages conservés à Paris depuis une bibliothèque de quartier à Toulouse ou même depuis chez soi. Le savoir sera partout à la fois et accessible à tous même à distance. Ce type de consultation « délocalisée » se heurte toutefois à des obstacles. Les lignes actuelles n'ont pas encore un

Le monde numérique selon Bill Gates

Un professeur prépare un cours sur le Soleil ? Il lui suffit de se connecter sur le catalogue multimédia de Corbis pour obtenir de riches illustrations. Fin 1996, Corbis détient plus d'un million d'images numérisées (payantes !) disponibles sur CD-Rom et sur Internet (www.corbis.com).

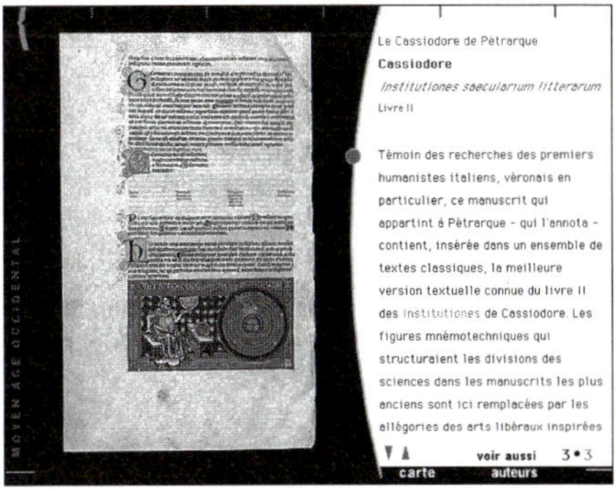

débit suffisant pour permettre de transférer rapidement de gros documents. S'il faut une demi-heure pour télécharger* un ouvrage, le système perd tout son intérêt. Par ailleurs, l'accès à une bibliothèque par ordinateur, même payant, pose des problèmes juridiques, notamment de droits d'auteur. Chacun peut en effet imprimer et copier aisément n'importe quel document.

« Le monde est en train de devenir totalement numérique. Il n'existe aucun sujet qui ne sera accessible sous forme numérique », **déclare Bill Gates.**

Patrimoine numérisé

Les bibliothèques, musées, entreprises, banques, etc. numérisent de plus en plus leurs archives. Des CD-Rom remplacent peu à peu les vieux rayonnages poussiéreux. La numérisation peut être à usage privé ou au contraire commercial. Une banque, par exemple, conservera ses documents pour elle-même tandis qu'une bibliothèque destinera les siens à la consultation publique. Le milliardaire Bill Gates, avec sa société Corbis (*voir* encadré), s'est lancé dans une entreprise colossale : la numérisation du plus grand nombre possible de documents informatifs et artistiques. Grâce à sa fortune colossale, il rachète des collections de photographies et négocie des accords avec les musées. Corbis veut s'imposer comme détenteur incontournable du patrimoine mondial en numérique. Pour le visionnaire Bill Gates, en effet, la prochaine bataille commerciale ne se fera pas sur le terrain des outils informatiques mais sur celui du contenu.

Les bits* remplacent les atomes pour le stockage des connaissances. Les ordinateurs et les réseaux informatiques s'imposent comme la nouvelle mémoire du monde.

La réalité virtuelle

C'est l'une des applications les plus fascinantes de l'informatique. Mi-ange mi-démon, la réalité virtuelle (RV) abuse nos sens.

Page de droite **: reconstitution par EDF en images de synthèse du site de Marmaria à Delphes.**

Star virtuelle

Kyoko Date est japonaise. Elle a 16 ans, mesure 1,63 m pour 43 kg et affiche des rondeurs de midinette. Elle chante et danse à la télévision. Elle peut même répondre à des interviews. Pourtant, Kyoko Date n'existe pas. Elle est virtuelle ! Les téléspectateurs le savent mais ils l'aiment quand même, et ça tombe bien car elle a justement été conçue pour leur plaire. Kyoko Date est la première star virtuelle entièrement créée par ordinateur. Lancée en 1996 par l'agence de promotion HoriPro, elle incarne la passion du jeune public japonais pour le virtuel.

Images de synthèse

Qu'est-ce qu'une image virtuelle (ou image de synthèse) ? C'est une image obtenue non par photographie de la réalité mais par calculs mathématiques sur ordinateur à partir d'un modèle existant ou au contraire complètement fictif. Par exemple : les dinosaures de *Jurassic Park*. La réalisation d'images de synthèse nécessite d'importantes puissances de calcul. Leur qualité dépend donc de la capacité des ordinateurs et des logiciels utilisés. Le degré de perfection des images virtuelles, fixes ou animées, est tel aujourd'hui qu'il est parfois difficile de les distinguer des images réelles.

Monde virtuel

Tout le monde a déjà vu, au moins dans des reportages à la télévision, ces équipements composés d'un casque (diffusant des images en trois dimensions) et éventuellement d'une combinaison (bourrée de capteurs électroniques). Muni de cette panoplie, l'utilisateur se trouve immergé dans un univers ultraréaliste bien qu'entièrement fictif. Il a vraiment une impression de relief. Il peut même interagir sur l'environnement qui apparaît sous ses yeux et, par exemple, « ouvrir » un réfrigérateur pour attraper une pizza ou « combattre » un ennemi virtuel ! Les images sont calculées en permanence en temps réel. Si l'on est équipé de gants à « retour d'effort », on éprouve même la sensation de toucher véritablement les objets. Depuis son avènement en 1968, la RV ne cesse de se perfectionner. Un équipement complet de qualité reste encore extrêmement coûteux et réservé à des applications scientifiques. Mais on commence à trouver sur le marché des casques de RV 3D destinés aux jeux grand public. On ne connaît pas encore bien les effets sur le comportement humain de ces systèmes un peu déroutants.

Usage militaire

La réalité virtuelle était jadis réservée à un usage militaire sur de gros ordinateurs. Elle servait notamment à la simulation de vol pour les apprentis pilotes. Les applications dans l'armée continuent. En 1995, l'accord de paix de Dayton sur la Bosnie a été conclu grâce à la réalité virtuelle : pour s'entendre sur les partages territoriaux, les représentants des parties en présence ont observé sur un écran géant une représentation aussi vraie que nature de l'ex-Yougoslavie. Ils ont ainsi pu « survoler » le pays comme s'ils avaient été en avion.

Virtuel à tout faire

La réalité virtuelle est descendue dans les salles de jeux et elle fait aujourd'hui son apparition sur les micro-ordinateurs personnels (avec visiocasque ou simplement sur écran). Au passage, elle a conquis bien d'autres domaines. On l'utilise, par exemple, pour réaliser des maquettes de bâtiments ; il est ainsi possible de « se promener » – sur écran – dans une usine avant qu'elle soit construite. La RV a également des applications médicales : pour traiter certaines phobies comme la claustrophobie, des patients équipés de visiocasques « entrent » dans des ascenseurs virtuels et apprennent à évacuer peu à peu leurs angoisses. Les développements de la réalité virtuelle sont multiples. L'Institut national de l'audiovisuel (Ina) travaille sur un projet de « clones virtuels ». Ce système permettra de substituer à un visage une copie en images de synthèse. Ainsi, un homme d'affaires dialoguant avec d'autres par visiophone* pourra apparaître peigné et cravaté alors qu'il sera en réalité en pyjama...

Définition

L'expression « réalité virtuelle » est paradoxale : comment une chose peut-elle être à la fois réelle et virtuelle ? La RV désigne un système qui donne une illusion de réalité alors qu'il ne s'agit que de... virtualité. Exemple : un simulateur de vol sur ordinateur.

La réalité virtuelle est une représentation réaliste d'un univers existant ou imaginaire. Ses applications sont nombreuses : ludiques, industrielles ou médicales.

Le cinéma virtuel

Effets spéciaux, montage, musique...

Le 7e art n'échappe pas à la moulinette informatique et à la folie numérique.

Didier
Dans le film *Didier* (Alain Chabat, 1997), Alain Chabat joue au football avec un ballon « virtuel » : la balle a été rajoutée à l'image après le tournage et possède ainsi une trajectoire parfaite.

Effets spéciaux

D'où sortent les dinosaures de *Jurassic Park* ? Comment Tom Hanks côtoie-t-il Kennedy ou Marilyn Monroe dans *Forrest Gump* ? Comment les acteurs-jouets de *Toy Story* se meuvent-ils ? Quel miracle réunit Michael Jordan et Bugs Bunny dans *Space Jam* ? La réponse est : l'ordinateur. L'informatique permet de réaliser de formidables effets spéciaux : effacement, rajout, transformation, déformation (*morphing**), multiplication de personnages ou d'éléments de décor. Certains effets consistant simplement à améliorer un peu la réalité sont appelés « effets invisibles » (par exemple : la publicité *AGF* faisant apparaître un stade de 50 000 personnes a en fait été tournée avec 1 500 figurants qui ont été « multipliés » par ordinateur). La plupart des films font désormais appel, peu ou prou, aux formidables potentialités du numérique*. On ne se sert plus de l'ordinateur seulement pour réaliser des effets spectaculaires mais aussi pour économiser du temps, des moyens et de l'argent.

Starwars
La nouvelle version de la célèbre *Guerre des étoiles* (de George Lucas, 1977) inclue de nouveaux vaisseaux spatiaux et des créatures supplémentaires entièrement générés par ordinateur. En revanche, les effets spéciaux de *Dracula* (de Francis Ford Coppola, 1992) ont été réalisés à 95 % avec des méthodes classiques.

Le « tout numérique »

La réalisation d'effets spéciaux ne constitue toutefois que la partie émergée de l'iceberg. Le numérique envahit tous les stades de la production cinématographique : le montage sur ordinateur permet, par exemple, de réaliser aisément plusieurs versions d'un même film. Le numérique facilite également le doublage et le sous-titrage. Enfin, les bandes sonores, elles aussi, bénéficient d'impressionnants traitements. Sans compter les musiques elles-mêmes qui sont réalisées parfois directement sur des instruments électroniques. Dans le futur, le tournage d'un film se fera directement et entièrement en numérique. Tous les appareils de cinéma fonctionneront comme des ordinateurs.

Trucage
Pour insérer un acteur dans un nouveau décor ou aux côtés de personnages supplémentaires dans une scène, on le filme sur un fond bleu uniforme (le *blue screen*), puis on traite l'image sur ordinateur grâce à un logiciel de trucage.

Le voir pour le croire

Les étonnantes possibilités offertes par le traitement numérique de l'image posent des problèmes d'éthique. En 1995, un personnage interviewé à la télévision française dans le cadre d'un reportage sur l'intégrisme islamique a été affublé, d'un coup de palette graphique, d'une fausse barbe pour faire « plus vrai ». Ce type de manipulation, acceptable pour une fiction de cinéma, est choquante dans un reportage d'information. Techniquement, tout paraît possible aujourd'hui. Deux comédiens peuvent tourner une scène d'amour sans avoir jamais besoin de se rencontrer (il suffit de superposer leurs images au montage). Dans ces conditions, demain, pourrons-nous encore faire confiance à nos yeux et « croire » ce que nous voyons ? L'ère moderne dérouterait saint Thomas...

La magie du numérique envahit le cinéma. Les effets spéciaux paraissent sans limites. Au risque d'aller trop loin.

L'art cyber

Visiter une « expo virtuelle » sur Internet ? Découvrir un artiste sur CD-Rom ? Bienvenue au « cyber-musée ».

Galeries virtuelles sur Internet

Internet* est un formidable espace d'expression. Les artistes de tout poil ne s'y sont pas trompés qui, dès l'ouverture du réseau au grand public, s'y sont précipités. On trouve sur le Web* nombre de « galeries virtuelles », personnelles ou professionnelles, qui proposent des reproductions de tableaux, de photographies, de sculptures, des poèmes ou même des romans. Les grands musées disposent bien sûr de sites* Web (le Louvre, le musée d'Orsay, etc.) où l'on peut découvrir des « expositions virtuelles ». Mais Internet permet également aux jeunes artistes de se faire connaître à moindres frais. Internet démocratise l'art. Reste la question des droits d'auteur dans le cas de reproductions « pirates » (*voir* pp. 44-45).

Balade culturelle sur CD-Rom

L'art s'affiche aussi sur CD-Rom*. Les titres artistiques et culturels sont les plus vendus en France après les jeux (*voir* pp. 56-57). Les parents affectionnent particulièrement ce type de produits qui constituent un bon prétexte pour céder aux sirènes du multimédia*. Chaque grande exposition « réelle » s'accompagne désormais de la sortie d'un CD-Rom ou de l'installation d'un site sur Internet (Cézanne, Picasso, etc.). Grâce à des programmes de réalité virtuelle (*voir* pp. 22-23), le cyber-visiteur peut « déambuler » à la souris dans des « musées virtuels », aller à droite ou à gauche et même « zoomer » sur telle ou telle œuvre pour observer un détail, lire ou écouter des commentaires.

Un CD-Rom sur le Louvre ne remplace pas une visite au musée mais il constitue un premier aperçu. Cela permet de sensibiliser notamment le jeune public afin de lui donner, peut-être, l'envie de s'y rendre « pour de vrai ».

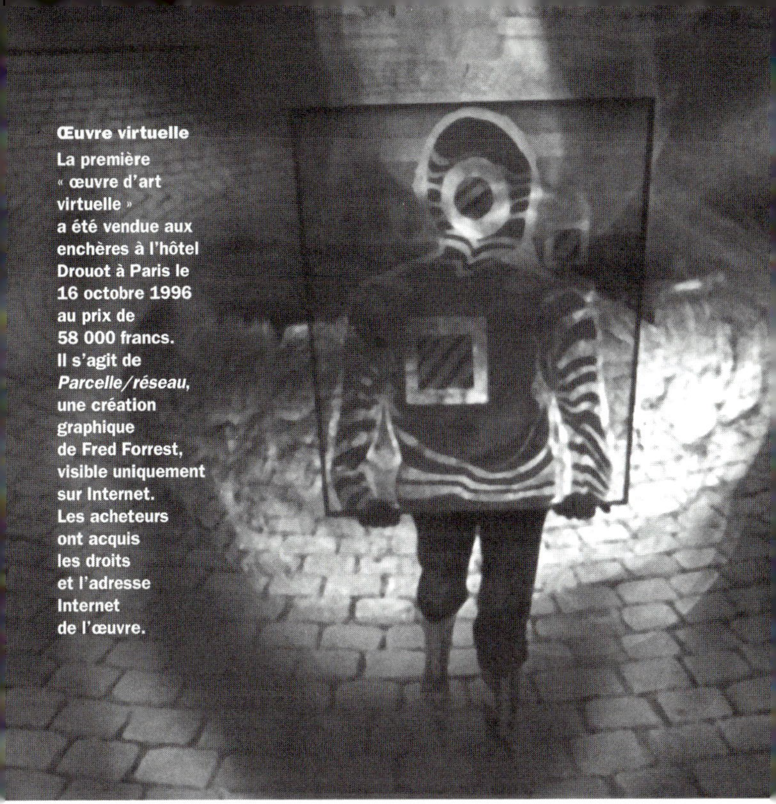

Œuvre virtuelle
La première « œuvre d'art virtuelle » a été vendue aux enchères à l'hôtel Drouot à Paris le 16 octobre 1996 au prix de 58 000 francs. Il s'agit de *Parcelle/réseau*, une création graphique de Fred Forrest, visible uniquement sur Internet. Les acheteurs ont acquis les droits et l'adresse Internet de l'œuvre.

Écriture multimédia

Internet et les CD-Rom ne sont pas de simples supports sans âme. Ils induisent aussi eux-mêmes une véritable « écriture multimédia ». On voit apparaître une nouvelle « grammaire » de la création mêlant textes, images, sons, musiques et interactivité*. Au premier rang de ces créateurs : les artistes graphistes. Comme les sculpteurs taillent la pierre ou les peintres brossent la toile, ces virtuoses de la technique, artistes du logiciel et amoureux de l'image électronique, s'expriment par les ressources du numérique. D'autres initiatives voient le jour, comme des romans interactifs sur CD-Rom, qui offrent de nouveaux plaisirs de lecture et de découverte artistique. Chaque année à Paris, les « états généraux de l'écriture interactive » font le point sur l'état de la création multimédia.

Internet et les CD-Rom sont des nouveaux supports pour l'art. Ils constituent aussi, en eux-mêmes, des outils de création.

L'enfer du jeu

Depuis toujours, l'homme joue. Avec le « ludo-électronique », il s'en donne à cœur joie. Mais gare à l'accoutumance !

Nintendo
Le géant japonais des jeux électroniques vend trois programmes par seconde dans le monde. Sa nouvelle console 64 bits* en 3D donne un nouveau souffle au jeu vidéo portable.

Pour tous les goûts

Piloter soi-même un Boeing 747 ou un Mirage 2 000, décoller, survoler New York puis le golfe Persique, atterrir, s'écraser et s'en tirer sans une égratignure... C'est ce que permet *Flight Simulator*, l'un des plus célèbres programmes de simulation de vol. Il ne s'agit que d'un exemple parmi les innombrables aventures que l'on peut vivre sur ordinateur. Après une journée de travail, le lycéen, comme le respectable employé de banque, peut aussi bien se fondre dans la peau d'un pilote de Formule 1 (avec même, pour 1000 francs environ, un ensemble volant-pédalier plus vrai que nature), que se livrer à d'infâmes batailles contre des ennemis sanguinaires (*Doom*), jouer les démiurges en présidant à la destinée d'une ville (*Sim City*), ou mener l'enquête sur une île mystérieuse (*Myst*). Plus modestement, il peut s'adonner à une partie d'échecs (en 3D, c'est encore mieux !), de *Master Mind*, de *Trivial Pursuit*, de *Tetris* ou tout simplement de cartes... à la souris.

Un fantastique marché

Il faudrait des volumes entiers pour décrire les milliers de jeux informatiques disponibles sur le marché (le mieux est encore d'y jouer...). Des animations toujours plus réalistes, en images de synthèse, en trois dimensions, alliant parfois des scènes tournées en vidéo avec de véritables acteurs, ont succédé aux austères tennis-vidéos ou « *space-invaders* » des années 1970. Jeux de réflexion, de simulation, de stratégie, de combat, d'aventure, énigmes, films interactifs* pour enfants ou pour adultes, etc. Il y en a pour tous les goûts et pour tous les âges (certains même à partir de deux ou trois ans !). N'oublions pas les légendaires consoles (Nintendo, Sega, Sony) à brancher sur la télévision ou celles, portables, à enfouir au fond du cartable. L'industrie du jeu électronique se porte

Royal !
Versailles, complot à la cour du Roi-Soleil (Cryo, RMN, Textuel, Canal +), l'un des plus beaux CD-Rom ludo-culturels français.

***Creatures* (Warner Interactive)**

Étonnant ! Des œufs éclosent et donnent naissance à des personnages qui vivent, se reproduisent puis meurent sur l'écran. Leur propriétaire doit les nourrir, leur apprendre le langage et les protéger du danger. Une sorte de « bio-jeu » (photo *ci-contre*).

à merveille. Les jeux vidéo représentent un tiers du marché des jeux et jouets, et les CD-Rom ludiques constituent à eux seuls plus de la moitié des titres vendus.

Puissance

Le jeu est l'une des principales motivations pour l'achat d'un ordinateur, et c'est l'une des premières utilisations de l'informatique à la maison. Paradoxalement, il faut une machine puissante (Pentium* ou Power PC*, grand écran, haut-parleurs, carte accélératrice vidéo, etc.) pour faire tourner ces logiciels et en tirer pleinement parti. Les animations en images de synthèse, notamment, requièrent d'importantes puissances de calcul. Jadis, ces programmes étaient réservés aux salles de jeux. Perfectionnement des machines et baisse des prix aidant, ils arrivent maintenant dans les foyers.

Épilepsie

Les jeux vidéo peuvent provoquer des crises chez les patients dits « photosensibles », soit environ 5 % des épileptiques.

Phénomène de société

Le jeu électronique permet de vivre – seul la plupart du temps – des aventures extraordinaires. Il développe réflexes et esprit logique mais encourage aussi une forme d'isolement. Il est parfois difficile de « décrocher » et de reprendre pied dans la vie réelle. Il suffit de pratiquer un peu pour savoir que le temps n'a plus la même valeur devant un écran et passe beaucoup plus vite. Les jeux informatiques passionnent des millions d'adeptes, jeunes ou vieux, aventuriers de l'électronique ou simples consommateurs d'images, footballeurs de salon ou héros de canapé, enfants de la « génération Nintendo », en quête de frissons numériques toujours plus intenses.

Le jeu électronique existe sous de multiples formes. Il permet d'assouvir un besoin de distraction, de réflexion et d'aventure au risque d'un enfermement dans le « virtuel ».

Internet, paradis ludique

Où trouver un adversaire pour une partie d'échecs ou de *Doom* à n'importe quelle heure du jour ou de la nuit ? Sur le réseau mondial.

Cyberculture du jeu

Gratuit ou payant, élaboré ou artisanal, le jeu existe sous de multiples formes sur Internet. Il donne naissance à des communautés virtuelles où les joueurs s'affrontent, souvent sans se connaître, par-delà les frontières. Le jeu est l'un des principaux vecteurs de la cyberculture.

Jeux en réseau

Internet* est un formidable terrain de jeu. Il permet d'affronter des amis, des inconnus du bout du monde ou un voisin de palier via son ordinateur. De nombreux « jeux en réseau » sont disponibles sur le Web*. Il s'agit en général de versions multijoueur tirés de jeux sur CD-Rom*. L'intérêt est qu'un adversaire humain demeurera toujours plus intelligent et moins prévisible qu'un ordinateur (pour l'instant...). Grâce à Internet, un Français peut faire équipe avec des Australiens et des Canadiens contre des Américains ou des Belges.

Du sang !

Les jeux de combat (*Doom*, *Duke Nukem* ou *Quake*) connaissent actuellement un succès considérable. Des décors en trois dimensions, des monstres affreux, des super-Rambo armés jusqu'aux dents qui s'étripent à la mitrailleuse ou à la tronçonneuse et des litres d'hémoglobine qui giclent sur les murs... C'est le triomphe de l'ultraviolence virtuelle*. Elle captive à travers la Terre entière des millions de jeunes qui n'hésitent pas à y consacrer de longues nuits blanches. Mais s'il est peu friand de massacres à la cyber-tronçonneuse, l'internaute* peut se livrer plus sagement à une paisible partie de Monopoly, de backgammon, de *Questions pour un champion*

(sans Julien Lepers...), de bridge ou même d'échecs via un ICS (*Internet Chess Server*).

Les MUD

Moins attrayants que les spectaculaires jeux graphiques du Web mais néanmoins très pratiqués : les jeux par courrier électronique*. Exemple : les MUD (*Multi-User Dungeons*). Il s'agit de la version électronique des jeux de rôle *Donjons et Dragons* inspirés du livre de Tolkien *Le Seigneur des anneaux*. Les participants, emmenés par un maître de jeu, s'affrontent par courrier électronique (parfois pendant plusieurs semaines) ou en direct par messagerie (IRC*). Les joueurs communiquent par messages écrits comme s'ils s'échangeaient du courrier par la poste. Ces MUD présentent l'avantage de la simplicité technique. Ils sont pour la plupart gratuits et ne tombent jamais « en panne ». Ils ont été inventés par des étudiants américains en 1979. Attention, la plupart sont en anglais. Il existe aussi des MUD graphiques.

Comment jouer ?

Pour accomplir ses propres carnages numériques, il est nécessaire de disposer d'un équipement informatique « musclé ». D'abord, il faut se connecter à l'un des nombreux serveurs Web dédiés à ces jeux (pour la plupart aux États-Unis), puis télécharger* l'interface graphique, c'est-à-dire le décor, et l'installer sur son ordinateur. La partie peut alors commencer. Mais les impondérables techniques sont nombreux : serveurs saturés, lignes surchargées, etc. En cas d'affichage trop lent, le joueur peut « se faire tuer » sans même s'en apercevoir. Une consolation : nombre de ces jeux sont gratuits car il s'agit de versions de démonstration. Mais attention à la facture de téléphone ! Une possibilité moins exotique : le jeu en réseau local, c'est-à-dire sur ordinateurs connectés entre eux dans la même pièce sans passer par Internet.

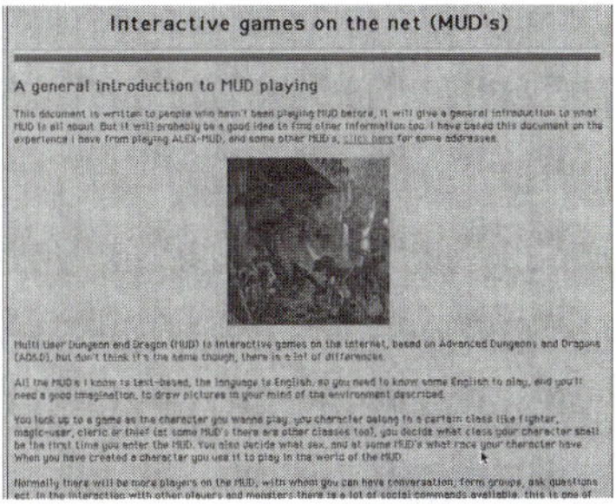

Casinos virtuels

Quelques sociétés ont créé sur Internet des « casinos virtuels ». L'internaute peut y jouer à la boule ou à la roulette à condition de parier de l'argent... bien réel ! (Pour payer, il suffit de communiquer son numéro de carte bancaire au serveur*.) Ces serveurs sont souvent installés dans des pays comme les Caraïbes où la législation fiscale est moins contraignante qu'ailleurs, des sortes de « paradis numériques ». Pour jouer, de n'importe où dans le monde, il suffit de se connecter.

Les jeux sur Internet permettent d'affronter des adversaires à travers la planète entière. Ils illustrent pleinement le phénomène de la cyberculture.

Bienvenue dans *Le 2ème Monde*

Paris reconstitué en images de synthèse et ouvert à tous via Internet ! Un pari fou de Canal + et Cryo.

Un rêve

Paris. L'Opéra, le Châtelet, la Bastille, l'île Saint-Louis et quelques quais de Seine. Des rues, des immeubles et des monuments reconstitués en images de synthèse. Des personnages qui s'animent, dialoguent, se donnent rendez-vous, travaillent et font même du commerce. Derrière les personnages : des joueurs connectés à Internet. C'est *Le 2ème Monde*, un jeu réalisé par la société française d'édition multimédia* Cryo pour le compte de Canal +. Un jeu ? Oui, mais plus encore : un concept, un rêve, un pari. Un fantasme...

Promenade en solitaire à travers les rues de Paris, ici dans le quartier de l'Opéra reproduit en trois dimensions dans *Le 2ème Monde*.

Paris reconstitué

C'est en 1994 que l'idée germe dans les esprits d'Alain Le Diberder, président de Canal + Multimédia (filiale de Canal +), et de Philippe Ulrich, directeur de Cryo : réaliser un double numérique* d'un monde connu dans lequel chacun pourrait se retrouver pour converser et « vivre » le plus agréablement et le plus virtuellement possible.

Trois ans et une quinzaine de millions de francs plus tard, *Le 2ème Monde* voit le jour (sorti en mars 1997). Pour participer, le joueur doit acquérir le CD-Rom (350 francs environ) qui contient le décor avec les rues de la capitale et certains monuments fidèlement reconstitués en trois dimensions (pour l'instant, seulement une partie de la ville). Un univers souterrain, baptisé « Légendes souterraines », a même été conçu. Chaque utilisateur prend alors la forme d'un « avatar », c'est-à-dire d'un petit personnage qui le représente, dont il choisit le physique et la tenue parmi une panoplie de costumes qui embrasse toutes les époques vestimentaires. Tant qu'il ne se connecte pas, le joueur reste seul dans un Paris désert. Tout change dès qu'il se branche sur Internet*.

Un projet ambitieux
Le 2ème Monde **est à la fois un simulateur de vie, un simulateur politique et un prestataire de services gratuits ou marchands. Ce jeu constitue un premier pas vers les autoroutes de l'information** **(*voir* pp. 50-51).**

Via Internet

Pour rencontrer du monde, il suffit de se raccorder au réseau mondial. L'ensemble des joueurs connectés en même temps apparaît alors sur l'écran. Il devient possible de se déplacer, de converser par claviers interposés et même d'échanger des « objets » virtuels* (des vêtements, des détails du décor, des messages ou même, réellement, des programmes informatiques). Chaque personnage peut créer son propre appartement virtuel en 3D (de 400 m^2 !), le meubler à sa convenance et y inviter des amis. Il peut se téléporter d'un bout à l'autre de la capitale.
Des entreprises disposent de bureaux et de magasins, des annonceurs ont acheté des panneaux d'affichage publicitaire (Peugeot, Virgin, Société générale, etc.).

Un monde évolutif

Tout est possible dans *Le 2ème Monde* : ouvrir des galeries d'art virtuelles, fonder des clubs, organiser des spectacles avec des célébrités « clonées », éditer des journaux, faire du vrai commerce électronique, etc. Et même élire des députés et édicter des lois ! L'objectif est de faire vivre et évoluer de manière autonome cet univers parallèle. Les promoteurs se contentent de livrer l'outil, aux utilisateurs de faire le reste. Chaque « cyber-citoyen » est invité à mener la double vie de son choix. Le jeu est actualisé et modernisé tous les quatre mois grâce à l'édition de nouveaux CD-Rom. Le programme permet d'accéder à des sites Web* sur Internet. Tout cela est moins anecdotique,qu'il n'y paraît, car *Le 2ème Monde* pourrait devenir, dans le futur, un excellent moyen pour évoluer dans l'ensemble du cyberespace*.

Le 2ème Monde
est le premier
monde en ligne*
virtuel.
Plus qu'un jeu,
une expérience
de vie
numérique ?

Le cybersexe

CD-Rom érotiques et pornographiques, Internet classé X, virtuel libertin… Le sexe à l'heure de la cyberculture.

Multimédia X

Dans un château, le duc, la duchesse et leur fidèle Pierrette se livrent à des ébats libertins : des images de synthèse mais aussi de la vidéo avec de vrais comédiens. Les questions posées au joueur orientent le déroulement du scénario. C'est l'un des multiples jeux d'aventures X sur CD-Rom* (*Mascarades*, Éd. Secret Garden). Comme avant lui le livre et le film, le CD-Rom s'est naturellement imposé en tant que support érotique ou pornographique. La Française Brigitte Lahaie fut d'ailleurs l'une des premières à s'essayer au X multimédia. En France, les titres coquins ou carrément « hard » représenteraient environ 10 % du marché.

L'amour sur Internet
Le dialogue au clavier ou la visiophonie* sur le réseau mondial permettent déjà tous les types d'échanges…

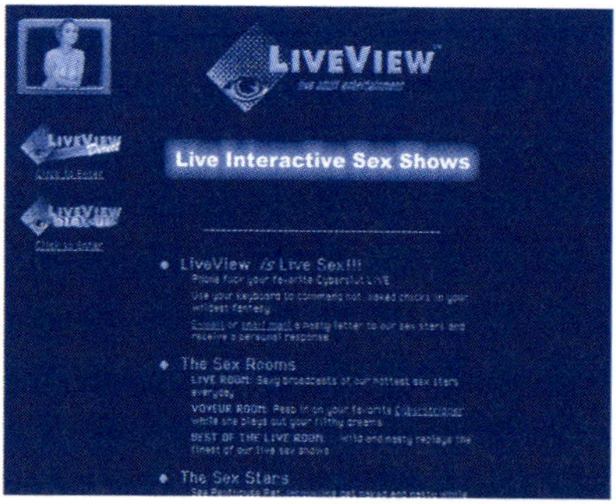

Nippon fripon

Le « ludo-virtuel » fait des ravages au Japon (*voir* Kyoko Date, star virtuelle, pp. 22). De nombreux jeux nippons, sans être franchement érotiques, sont à fortes connotations sexuelles. Par exemple, *Diplôme* met en scène un professeur d'une classe de jeunes filles qui peut suivre ses élèves dans leur vie extra-scolaire. *Princess Maker* propose au joueur de tenir le rôle du père d'une jeune fille virtuelle qu'il éduque, de son enfance à son adolescence, en forgeant son caractère selon les désirs du joueur. Un troisième, *Tokimeki Memorial*, permet de vivre une relation amoureuse avec une créature dont les traits de caractère sont fonction de ses goûts. Ces jeux, sorte de version virtuelle* de la poupée Barbie, s'adressent aux adolescents mais ravissent également les adultes. Ils permettent de vivre des aventures agréables et d'assouvir envies et fantasmes en toute liberté… numérique.

Internet rose

Internet*, comme le téléphone ou le Minitel, peut lui aussi se transformer en média « rose ». Voire bien plus... Certains forums* de discussion (surtout américains) sont consacrés au sexe sous toutes ses formes. Ils abritent des conversations impudiques et servent même de lieux d'échange d'images pornographiques (sous formes de fichiers informatiques). Le Web*, la partie multimédia* du réseau, recèle également de nombreux serveurs érotiques ou pornographiques. Le problème, c'est qu'Internet ne connaît aucune limite : il est aussi simple d'accéder au site* officiel de *Playboy* qu'à un serveur pédophile asiatique. C'est pourquoi les gouvernements de plusieurs pays réfléchissent à l'instauration de règles juridiques internationales. Les parents peuvent aussi installer sur les ordinateurs de leurs enfants des logiciels de « filtrage ». Mais une « moralisation » globale d'Internet paraît techniquement impossible.

L'amour virtuel

Le mythe de « l'amour virtuel » par ordinateur excite l'imagination et alimente le débat. Ce n'est pas tout à fait un mythe... Des expériences ont été menées dès le début des années 1990 : des personnes équipées de visiocasques de réalité virtuelle (*voir* pp. 22-23) et de combinaisons sensorielles à « retour d'effort », reliées par un ordinateur, se sont essayées à des « télé-calins ». Techniquement, l'amour numérique est donc à peu près réalisable mais les sensations sont, paraît-il, encore décevantes... Un jour, peut-être, verra-t-on apparaître des équipements bon marché d'amour à distance via Internet. Les couples séparés y trouveront peut-être un intérêt... Mais alors, on verra surgir aussi de la « prostitution virtuelle » et toutes sortes de déviations.

Le multimédia n'échappe pas au sexe. CD-Rom et sites érotiques ou pornographiques sur Internet sont nombreux. En attendant l'amour virtuel...

Un nouvel eldorado

L'ère de la cyberculture marque l'avènement d'une « cyber-économie ». Le multimédia génère des revenus et des emplois. Cela ne fait que commencer.

Croissance

La liste des secteurs économiques concernés par l'émergence du multimédia* est longue : industriels des télécommunications, constructeurs d'ordinateurs, éditeurs de logiciels, concepteurs de CD-Rom*, créateurs de sites* Internet*, fournisseurs de services, formateurs... Impossible de cerner l'ampleur du phénomène. En 1996, le marché mondial de l'informatique représentait déjà deux fois celui de l'automobile. Aux États-Unis, l'industrie du jeu vidéo a dépassé l'industrie du cinéma. Nous sommes tous des consommateurs potentiels d'informations sur écran. L'ère de la cyberculture est donc porteuse d'espoirs de revenus et de croissance économique. Mais, paradoxalement, elle s'accompagne de lamentations de la part des professionnels du secteur : démarrage économique trop lent, insuffisance d'équipement des ménages, manque de volonté politique, retard des mentalités, etc.

Club-Internet, l'une des sociétés françaises éditrices de services sur Internet.

Révolution industrielle

Sommes-nous prêts à faire nos courses sur Internet ? Sans doute pas. Pourtant, le passage progressif à la « cyber-économie » a déjà commencé. Les sites commerciaux se multiplient sur le Web*. Cela bouleverse nos habitudes. Il faut s'adapter aux téléservices et à une économie de l'immatériel. Il faut aussi apprendre à raisonner en terme de mondialité. Un industriel ou un commerçant, aujourd'hui, ne peut plus se cantonner aux frontières étriquées d'un pays ou d'une région ; il doit savoir que les clients comme les concurrents se trouvent aussi à l'étranger. Pour l'instant, les particuliers sont encore à l'écart de ce changement et le commerce électronique se développe surtout entre entreprises. Aux États-Unis, de nombreuses sociétés s'adressent entre elles factures et bons de commandes, non plus par la poste ou par fax, mais par courrier électronique*.

Un service financier proposé sur Internet par Infonie, un éditeur français lancé dans l'aventure de la cyber-économie.

Le succès est pour demain

L'informatique est un univers déstabilisant car il évolue à toute vitesse. En entreprise, une nouvelle notion est apparue : la « veille technologique ». Cela consiste à surveiller en permanence l'évolution des techniques. Certains parient sur l'avenir et investissent des millions dans des industries naissantes mais d'autres, nombreux, préfèrent attendre avant de se jeter à l'eau. Il est vrai que les balbutiements du commerce électronique grand public, par exemple, ne sont pas très encourageants : environ 70 % des sites commerciaux sur Internet sont déficitaires. Le bilan des premières années de cyber-économie est en demi-teinte. Les perspectives paraissent immenses mais elles sont toujours annoncées pour demain...

Nouveaux métiers

À industrie nouvelle, nouveaux métiers. Il faut distinguer l'industrie du contenant (la construction de matériel) et celle du contenu (l'édition de services). Cette dernière paraît particulièrement prometteuse. Il existe désormais des filières de formation aux métiers du multimédia* : concepteurs de CD-Rom, administrateurs de sites Web (« Webmestres* »), etc. Même si les débouchés, du moins en France, sont encore incertains. Par exemple, des sociétés telles que Infonie ou Club-Internet (des éditeurs français de services sur Internet) innovent avec brio mais sont encore à la recherche de leur marché et... d'un équilibre financier.

L'avènement de l'informatique communicante provoque un bouleversement socio-économique comparable à celui de la révolution industrielle du XIXe siècle !

Les géants américains

L'Amérique domine le monde. Avec l'informatique, elle étend encore plus son hégémonie. La cyberculture est-elle américaine ?

Les nouveaux « maîtres du monde » : de gauche à droite, Andrew Grove (Intel), Larry Ellison (Oracle), Bill Gates (Microsoft).

Intel

Intel est le numéro un mondial des microprocesseurs*. Son chiffre d'affaires annuel est de plus de 20 milliards de dollars. La société emploie près de 50 000 personnes et est elle-même équipée de 55 000 ordinateurs. Elle dispose de plusieurs usines dans le monde et continue à en construire. Intel a inventé le microprocesseur en 1971.

La cour des grands

De grandes sociétés américaines dominent le marché mondial de l'informatique. Ces « pionniers du cybermonde » ont pour nom : Intel (premier fabricant de microprocesseurs*), Microsoft (numéro un mondial du logiciel), Netscape (principal éditeur de programmes de navigation sur Internet*), Oracle (inventeur du NC*), IBM (géant de l'informatique « grands systèmes »), Compaq (premier constructeur de micro-ordinateurs) ou encore Sun Microsystems (inventeur du langage *Java* pour programmer des sites* sur Internet*). Les États-Unis, première puissance économique mondiale, demeurent leaders en matière de nouvelles technologies, et la Silicon Valley* continue d'être un berceau d'innovations.

Techniques apprivoisées

L'avance technique, économique mais aussi culturelle de l'Amérique en matière de nouvelles technologies est grande. Les États-Unis totalisent à eux seuls près de 75 % des accès à Internet. Outre-Atlantique, les communications – au moins professionnelles – se font aujourd'hui plus volontiers par courrier électronique* que par téléphone ou par télécopie. Pour bon nombre d'Américains, la cyberculture est déjà une réalité.

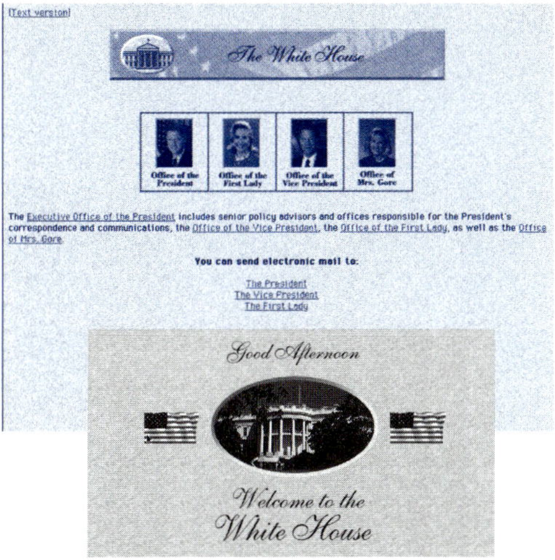

Sur le site Web de la Maison-Blanche (*ci-contre*), l'Amérique affiche clairement sa détermination : « *Internet est le plus grand changement dans les communications humaines depuis l'avènement de la presse écrite.* »

Ordinateurs à la maison en 1996

- **37 % aux États-Unis ;**
- **26 % en Allemagne ;**
- **15 % en France.**

Ordinateurs connectés à Internet en 1996

- **8 200 000 aux États-Unis ;**
- **550 000 en Allemagne ;**
- **190 000 en France.**

N'imaginons pas toutefois un ordinateur dans chaque foyer : « seuls » 50 millions de ménages environ (sur 226 millions d'habitants) disposent d'un micro-ordinateur personnel, et à peine 8 % des Américains « surfent* » sur Internet (moins de 1 % en France). Mais, quoi qu'il en soit, dans le monde des affaires par électronique, l'oncle Sam a plusieurs longueurs d'avance.

Loi du marché

Le développement des NTCI* semble intimement lié à la « logique de marché » à l'américaine. Libre concurrence et investissements privés deviennent des règles internationales. Seules les grandes compagnies multinationales peuvent aujourd'hui construire les infrastructures nécessaires aux télécommunications modernes. Partout, on met fin aux monopoles nationaux du téléphone (en France, au 1er janvier 1998). Tout cela n'est pas sans poser des problèmes. La fameuse « mondialisation » ressemble beaucoup à une « américanisation ». Ce nouveau libéralisme économique mondial servira-t-il aux Américains à asseoir encore plus leur domination ? Les autres pays, même d'une autre culture, ont-ils leurs chances ?

La domination américaine est incontestable en matière de nouvelles technologies. Les autres nations sont-elles menacées ? Peuvent-elles encore trouver leur place ?

La France en retard ?

Les chiffres parlent d'eux-mêmes : la France tarde à prendre le train de la cyberculture. Mais tous les espoirs restent permis.

Peu d'ordinateurs

En France, début 1997, moins de 1 foyer sur 7 disposait d'un micro-ordinateur (1 sur 3 aux États-Unis et 1 sur 4 en Allemagne). Un tiers à peine de ces ordinateurs étaient équipés d'un lecteur de CD-Rom*, et le pourcentage de familles branchées sur Internet* était infime. Malgré un sursaut des ventes de micro-ordinateurs en 1996 (+17 %), les ménages français demeurent « sous-équipés ». Les entreprises ne montrent pas l'exemple : une sur dix seulement serait connectée à Internet*. Un rapport du Commissariat général du Plan (*Les réseaux de la société de l'information*, 1996) note que la France est lanterne rouge au sein même de l'Europe quant à l'équipement en ordinateur, câble, satellite et radiotéléphone. La France serait-elle en train de rater le passage à l'âge numérique ?

Mentalité

Parfois, les Français ont une réaction déconcertante : « *Un ordinateur ? Pour quoi faire ?* ». Après tout, c'est vrai, on peut vivre sans ordinateur. « *De même que l'on peut vivre sans téléphone et même sans couteau ni fourchette* », rétorquent, provocateurs, les *aficionados*. En 1994, Internet a été accueilli en France avec enthousiasme par une petite minorité pratiquante, mais avec méfiance, voire dénigrement, par la majorité non convertie. Pour beaucoup, le réseau mondial ne serait qu'un gadget, outil de l'impérialisme américain de surcroît. La vérité est que l'inconnu fait toujours un peu peur. Mais surtout, un ordinateur reste un produit cher, et les prix des communications téléphoniques sont particulièrement élevés en Europe.

« *Les autoroutes de l'information constituent la priorité de 1997* », François Fillon (ministre des Télé-communications, janvier 1997).

Un enjeu

Les industriels et les experts ne cessent de le répéter : le XXIe siècle sera « cyber » et mondialiste ou bien il ne

Internet à la traîne du Minitel
Le Minitel (14 millions d'utilisateurs) constitue à la fois un atout et un handicap pour la France. Il a popularisé la télématique* mais il freine aujourd'hui le développement d'Internet (moins de 500 000 internautes* en France). Techniquement dépassé, le Minitel devrait être peu à peu remplacé par Internet.

sera pas ! Les responsables politiques commencent à relayer timidement ce message. Le passage à l'ère numérique semble indispensable pour tenir une place dans la compétition internationale. Encore faut-il, pour créer des emplois dans ce secteur, que le public s'équipe en ordinateurs et consomme des produits multimédias*. Mais la France paraît camper sur ses acquis. Les constructeurs rouspètent car ils n'arrivent pas à vendre leurs machines, certains menacent même de fermer des usines. L'enjeu, pourtant, est économique et culturel.

Ne plus attendre

Aucun État n'est en mesure, aujourd'hui, de financer un vaste plan d'informatisation du public comme jadis en France avec le Minitel distribué gratuitement dans les foyers. L'avenir est donc entre les mains des investisseurs privés. Pour favoriser les NTCI*, les industriels réclament une baisse des coûts des communications téléphoniques et une diminution de la TVA sur les ordinateurs (20,6 % actuellement), afin d'encourager l'équipement des ménages. Mais, malgré une volonté affichée, les responsables politiques ne peuvent répondre à l'ensemble de ces attentes. Signe de modernisation des pouvoirs publics : la plupart des ministères disposent désormais d'un serveur* Web* sur Internet. Détail amusant : la France est le premier pays au monde à avoir mis en place un Intranet* pour les ministères et les administrations, mais peu de fonctionnaires l'utilisaient en 1996. En matière d'informatique, de réseaux et de développement de téléservices, il paraît urgent de... ne plus attendre !

> La France campe sur ses acquis, elle ne parvient pas à concilier tradition et modernité. Elle est en retard mais le rattrapage semble s'amorcer.

L'édition électronique

L'édition de CD-Rom et de sites Internet devient une industrie. L'écrit passe à la vitesse cyber. L'ordinateur remplacera-t-il le livre ?

Un nouveau support

En France, les ventes de CD-Rom* grand public ont triplé en 1995 (1,5 million). Une progression foudroyante alors que la France ne comptait encore que 500 000 ordinateurs équipés de lecteur de CD-Rom. Dans le même temps, le nombre de sites* Web*, tous types confondus, ne cesse lui non plus d'augmenter. Le multimédia* devient un nouveau support éditorial à part entière. Toutefois, il faut relativiser cet apparent succès. Ces titres ne touchent encore qu'une faible proportion de la population (celle qui est équipée en informatique) et les éditeurs de CD-Rom ont parfois du mal à « joindre les deux bouts ».

Nouveau média

Internet s'impose comme un nouveau média d'information à part entière. Lors des élections présidentielles américaines de novembre 1996, les sites* de CNN et de America On Line, qui diffusaient des informations sur le scrutin en temps réel, ont enregistré des records de consultation.

Du papier à l'écran

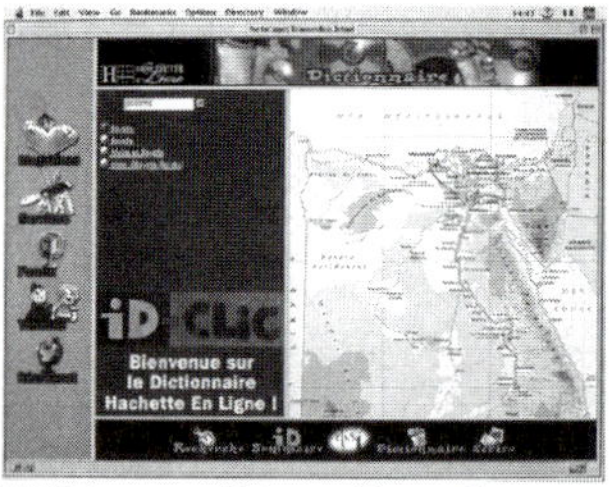

Qui fabrique des CD-Rom ? Les professionnels de l'informatique ont été logiquement les premiers à s'essayer à ce nouvel art. Mais des maisons d'édition traditionnelles telles que Flammarion, Gallimard ou Larousse se sont lancées également dans la production de titres multimédias. Le résultat commercial est encore incertain. La fabrication d'un CD-Rom peut coûter jusqu'à dix fois celle d'un livre. Il s'agit surtout, pour ces entreprises, d'« occuper le terrain » afin d'être en bonne place lorsque le marché décollera véritablement.

Presse en ligne*

De très nombreux journaux (*Le Monde*, *Les Dernières Nouvelles d'Alsace*, *The Washington Post*, etc.) disposent de sites sur Internet* sur lesquels ils diffusent tout ou partie de leurs articles. Un Américain peut ainsi lire un journal français depuis chez lui et vice versa. Mais la presse s'interroge encore face au multimédia. Être cyber, pour quoi faire ? La gestion d'un serveur* Web requiert beaucoup d'énergie pour un maigre bénéfice (la seule manière de gagner de l'argent est de faire appel à la publicité ou de vendre des articles comme le quotidien *Le Monde*). Du coup, les journaux n'inventent pas de contenu spécifique à ce nouveau média dont ils ne savent pas trop comment tirer profit.

La mort du livre ?

Le multimédia menace-t-il l'écrit ? Les avis sont partagés. Certains pensent que l'écran risque de prendre le pas sur le livre. D'autres estiment que le multimédia constitue une nouvelle chance pour l'écrit. Les CD-Rom et Internet, en effet, s'ils invitent à voir et à entendre, n'en font pas moins largement appel à la lecture (... sur écran). En tout cas, paradoxalement, l'engouement pour les nouvelles technologies génère un torrent de livres et de revues (5 à 10 % de l'édition française actuelle). Logiquement, la production mondiale de papier devrait diminuer avec le développement des nouveaux supports électroniques. Mais le vieux papyrus de l'Égypte ancienne n'est pas près de disparaître complètement. Il jouit d'une trop forte valeur culturelle dans notre civilisation (le plaisir de toucher un livre, par exemple...). Le papier a encore de belles années devant lui.

Complémentarité
Livre ou CD-Rom, l'un invite mutuellement à la découverte de l'autre.

Journaux électroniques
Deux quotidiens japonais, le *Sankei Shimbun* et le *Mainichi Shimbun*, sont disponibles en version électronique sur des petits terminaux portatifs. Pour lire le journal dans le métro sans s'encombrer...

Slate
C'est un journal, lancé en juin 1996 par Microsoft, diffusé uniquement sur le Web (*slate* signifie « ardoise »). Il emploie des journalistes issus de la grande presse américaine (*www.slate.com*).

L'édition traditionnelle et le multimédia convergent. Mais les débouchés commerciaux sont pour l'instant incertains. L'écran ne remplace pas encore le papier.

Les technobandits

Le clavier et la souris ont remplacé le pied-de-biche. Le piratage informatique n'appartient plus depuis longtemps à la science-fiction. Voici les « technobandits » !

Cyber-attaque
Les ordinateurs du Pentagone (la Défense américaine) enregistrent chaque année 160 000 intrusions pirates. Ces attaques émaneraient de jeunes bidouilleurs, d'anarchistes ou d'agents étrangers, si ce n'est... d'une combinaison des trois à la fois.

Piratage

Le piratage consiste à s'introduire illégalement dans un ordinateur pour copier ou chambouler des données, introduire un virus* ou même détourner de l'argent. Ce « technobanditisme » (ou « cyberdélinquance ») augmente avec le développement d'Internet* qui permet de frauder à distance. Face à ce fléau, les États ont créé des services de « cyberpolice » (en France, le Service d'enquêtes sur les fraudes aux technologies de l'information) qui poursuivent les « technobandits » jusque dans le cyberespace*... Mais les entreprises victimes de ces intrusions hésitent souvent à porter plainte par peur d'une publicité négative.

Hackers

Ils s'appellent Kevin Mitnick, Jean-Bernard Condat, Damien Doligez, « Frantic » ou « Metal ». Ils ne sont pas tous malhonnêtes, loin de là. Mais chacun s'est illustré, à une époque ou à une autre, par ses frasques numériques. Ce sont des *hackers* (ou *crackers*), c'est-à-dire des pirates informatiques (un *hacker* est plutôt un gentil bidouilleur, tandis qu'un *cracker* pénètre les réseaux informatiques sans états d'âme). L'archétype du *hacker* a été immortalisé dans le film *Wargames* (1983). Les *hackers* sont en général animés par une idéologie libertaire un tantinet rebelle : selon eux, l'information est la source du pouvoir, et les réseaux informatiques permettent de partager cette information afin dc garantir la démocratie. En fait, ce sont surtout d'incorrigibles joueurs ! Malheureusement, en informatique, il n'y a parfois qu'un pas du jeu au crime...

Fraude

Un ordinateur et un téléphone suffisent à un *hacker* pour commettre les pires méfaits. Beaucoup s'amusent à s'introduire dans les ordinateurs pour prouver que les systèmes de protection sont inefficaces. Les « technobandits » s'échangent divers « trucs » par Internet (par exemple, ils savent que les utilisateurs ont la mauvaise habitude de choisir comme mot de passe le prénom de leur femme, d'un enfant ou de leur chien). De nombreuses sociétés sont victimes de fraudes informatiques. Les agressions émanent souvent d'employés licenciés qui trouvent ainsi un moyen de se venger. Elles peuvent provenir également de concurrents peu scrupuleux. Le piratage de sites* Web* sur Internet devient aussi une activité très prisée : en 1996, le message d'accueil du serveur officiel de la *Central Intelligence Agency* (CIA) a été transformé par un pirate en « *Bienvenue à la Central Stupidity Agency* ».

« Metal »

Il a 17 ans. Il est roumain. Il s'appelle Calin Mateias mais il se fait surnommer « Metal ». Son passe-temps favori : « craquer », via Internet, les ordinateurs du monde entier (notamment ceux de la Nasa, du Pentagone, de l'US Air Force, de British Telecom et de France Telecom). Il agit par jeu mais il reconnaît s'être déjà retrouvé en possession de secrets stratégiques qu'il a dû effacer de son ordinateur parce qu'il « avait peur ». Il a promis d'arrêter. En Roumanie, il ne risque quasiment aucune poursuite judiciaire.

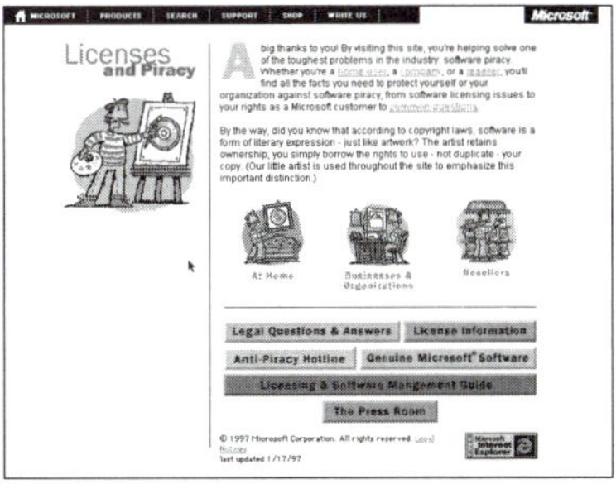

Une page d'information et de mise en garde contre le piratage sur le site de la *Business Software Alliance* (BSA) via Internet.

Copie

Il existe une autre forme de piratage informatique : c'est la copie illicite de logiciels. Un programme en circulation sur deux serait un logiciel piraté ! Cette fraude coûte environ 70 milliards de francs par an à l'industrie mondiale du logiciel. Même les systèmes de protection les plus sophistiqués ne sont jamais efficaces à 100 %. Comme un verrou sur une porte, un dispositif antipiratage (clé logicielle ou matérielle) peut toujours être forcé. Une association internationale d'éditeurs de logiciels, la *Business Software Alliance* (BSA), a entrepris une vaste campagne de sensibilisation et de contrôles qui a conduit récemment à plusieurs arrestations. Après avoir longtemps bénéficié d'un flou juridique, le piratage de logiciels est aujourd'hui puni en France de peines de prison ferme (jusqu'à deux ans et un million de francs d'amende, selon la loi du 5 février 1994).

Le piratage informatique est une délinquance à part entière liée à l'ère de la cyberculture. La police et la justice ont aujourd'hui les moyens d'agir.

Le télétravail

Grâce à l'informatique et aux moyens modernes de communication, plus besoin de venir au bureau. Le travail à distance devient une réalité. Mais quels changements d'habitudes !

Télétravailleurs

Sophie, traductrice, travaille chez elle sur son ordinateur et envoie ses textes à son éditeur par fax. Éric, vendeur de voitures, communique avec ses clients grâce à son téléphone mobile et son ordinateur portable qui ne le quittent jamais. Sylvie, secrétaire à mi-temps, tape le courrier de son patron à domicile, tout en surveillant ses enfants, avant de l'expédier par Internet*. Michel, journaliste, écrit ses articles chez lui et les transmet par modem*. Carole, informaticienne, dépanne les ordinateurs de ses clients parisiens à distance depuis son mas en Provence... Ces travailleurs des années 1990 ont tous un point commun : il font du télétravail. Sous des formes diverses, à plein temps ou occasionnellement, parfois sans même en avoir vraiment conscience. De plus en plus, l'homme peut accomplir sans se déplacer – ou au contraire sans cesser de se déplacer – des tâches qui nécessitaient auparavant sa présence effective dans un bureau au sein d'une entreprise.

Antipollution
En Île-de-France, selon des estimations, 400 000 personnes pourraient travailler à distance, ce qui réduirait de 7,5 % les déplacements, et donc les gaz d'échappement d'automobiles.

Outils communicants

Ordinateurs, téléphones, fax, modems, téléphones mobiles, radiomessageurs, Internet, etc. Ces outils sont de moins en moins chers, de plus en plus performants et le nombre de personnes sachant les utiliser va croissant (un salarié sur deux travaille aujourd'hui sur ordinateur). Leur démocratisation rend possible une nouvelle organisation du travail. Avec un ordinateur portable et un téléphone mobile – un « cyber-bureau » –, le cadre « nomade » peut bouger tout en restant en contact avec l'Intranet* de son entreprise. Le reporter en déplacement peut continuer à surfer* sur le Web*, et l'étudiant isolé peut expédier sa thèse par courrier électronique*... Le télétravail permet aux entreprises de réduire les surfaces de bureaux et de faire des économies. De son côté, le télétravailleur, salarié ou indépendant, gagne – théoriquement – en productivité et s'épargne des trajets parfois pénibles. Chacun y trouve son compte. L'utilisation de ces techniques contribue à l'établissement d'une « cyberculture » commune aux télétravailleurs.

Économique
La société IBM a « nomadisé » 2 500 de ses 18 000 employés en France. Résultat : 85 000 m² de bureaux économisés mais, en contrepartie, il faut financer l'achat de matériel et assurer des coûts supplémentaires de communications.

Entreprise virtuelle

Le télétravail, s'il se développe à grande échelle, risque de provoquer d'importants changements d'habitudes. Parfois douloureux. Déjà, dans certaines entreprises où les salariés ne viennent plus qu'occasionnellement, les bureaux ont été remplacés par quelques « cases fonctionnelles » interchangeables : une table, un ordinateur et un téléphone. Il suffit de taper son code d'accès pour se retrouver dans des conditions standard de travail. Même les réunions pourront bientôt s'effectuer par visioconférence.

L'entreprise « éclate ». Pour le coup, elle risque de devenir bel et bien virtuelle. Mais le télétravailleur, à la longue, ne risque-t-il pas de se sentir un peu seul ? Libre, certes, ne regrettera-t-il pas pour autant le cadre rigide mais sécurisant de l'entreprise traditionnelle ? le contact avec les collègues ? Quid de la sacro-sainte culture d'entreprise ?

Le télétravail va dans le sens d'une plus grande efficacité et d'une meilleure qualité de vie, mais il provoque une réorganisation sociale dont les conséquences sont encore mal connues.

L'école numérique

Dans le Vercors, les écoles sont reliées en réseau. En Alsace, les élèves apprennent le japonais à distance. En Aquitaine, les lycées s'affichent sur Internet. Vive l'école virtuelle !

***« Il faut un ordinateur pour vingt collégiens en France »*, Franck Borotra (ministre de l'Industrie, juin 1996).**

Cyber-école

Jadis, pour faire découvrir les tableaux du Louvre aux élèves d'une école de campagne, il fallait organiser un voyage à Paris. Une initiative coûteuse pas toujours réalisable. Aujourd'hui, il suffit de se brancher sur Internet* ou de glisser un CD-Rom* dans un ordinateur. Bien sûr, cela ne remplace pas une vraie visite au musée, mais cela permet aux enfants des quatre coins de France d'admirer, à moindres frais, le sourire de la Joconde et d'y « retourner » aussi souvent que désiré. Et pourquoi ne pas jeter un coup d'œil également sur les collections de la National Gallery de Londres ou visiter la grotte de Vallon-Pont-d'Arc à l'autre bout de l'Hexagone ? Avec un ordinateur connecté au réseau mondial, la classe traditionnelle éclate et le professeur ne se contente plus de dispenser le savoir, mais il guide les élèves dans l'acquisition de leurs connaissances.

Télé-enseignement

Environ un millier d'établissements scolaires français étaient connectés à un réseau à la rentrée 1996. De plus en plus d'écoles disposent de pages Web* sur Internet (souvent tenues par les élèves). Dans le Vercors, 130 écoles, collèges et lycées sont reliés entre eux par l'intermédiaire d'un système baptisé « les réseaux buissonniers » : les élèves peuvent échanger du courrier ou des travaux en cours, les enseignants troquent des textes ou des images et mettent en commun leurs compétences. En Alsace, les lycéens de Saverne suivent par visioconférence un cours de japonais dispensé par un professeur de Strasbourg à quarante kilomètres de là. Ils peuvent zoomer sur ses lèvres lorsque celui-ci prononce un mot difficile. Mais pas question de se dissiper car le professeur de japonais conserve un œil

Net day

Le 9 mars 1996 a été consacré « Jour du Net » aux États-Unis, avec le coup d'envoi du raccordement des écoles à Internet.

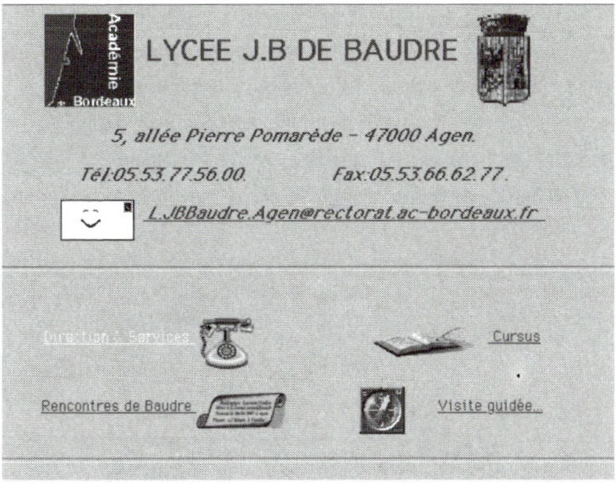

Les académies s'installent sur le World Wide Web (leurs adresses : *www.ac-bordeaux.fr*, *www.ac-strasbourg.fr*, etc.).

sur la classe. Un autre jour, ils assisteront à la dissection d'un cochon en direct d'un institut de recherche (*Libération multimédia*, 7 juin 1996). Avec les réseaux informatiques, plus besoin d'avoir physiquement un spécialiste à portée de main.

Clic-génération

Se remettant peu à peu du semi-échec du plan « Informatique pour tous » (1985), les écoles, collèges et lycées passent à la vitesse multimédia*. Toutefois, l'équipement demeure insuffisant (trois ordinateurs pour cent enfants en France contre onze pour cent aux États-Unis). En attendant le raccordement de tous les établissements scolaires à Internet promis par le gouvernement, des initiatives isolées voient le jour. Elles sont l'œuvre d'acteurs locaux aidés financièrement par les collectivités publiques et les entreprises. Elles permettent aux enfants de se familiariser, dès le plus jeune âge, avec des techniques qu'ils devront maîtriser dans leur vie d'adulte. Les expériences montrent que la « génération Nintendo » n'a aucun mal à utiliser une souris ou à comprendre la logique d'un CD-Rom. Il ne s'agit plus aujourd'hui de découvrir l'informatique dans une sinistre « salle d'ordinateurs » mais de l'utiliser, tel un outil, dans les classes pour apprendre. Reste la question de la formation des maîtres à ces nouvelles technologies qui est encore, pour l'instant, insuffisante.

Le multimédia fait son entrée à l'école. Il permet d'apprendre à distance ou de communiquer entre écoles. Mais les « cyber-élèves » sont encore peu nombreux.

La société de l'information

Des écrans partout ! Et le bout du monde à portée de souris. Nous sommes à l'aube d'une nouvelle société dont le bien le plus précieux sera l'information.

L'info, c'est de l'argent

Combien vaut le micro-ordinateur portable d'un homme d'affaires ? Sans doute plusieurs millions de francs. En effet, au-delà du matériel, ce sont les précieuses informations qu'il contient qui lui donnent toute sa valeur. L'information, au sens large, est aujourd'hui un bien précieux pour chacun d'entre nous. Plus besoin de se déplacer avec des bourses remplies d'or, nos numéros de comptes bancaires et de téléphone, nombreux codes secrets et documents divers valent bien plus.

Autoroutes de l'information

Sous la métaphore des « autoroutes de l'information » se cache un projet qui devrait constituer une nouvelle et formidable révolution industrielle et sociale. Il s'agit de la mise en place, au niveau mondial, d'un gigantesque réseau de télécommunications capable de transporter des milliers d'images vidéo, de sons et de données. Ce réseau servira à toutes sortes de choses : se distraire (vidéo à la demande, jeux interactifs*), travailler (télétravail, télémédecine), apprendre (télé-enseignement), commercer (téléachat), effectuer des démarches administratives, voter, etc. Pour retrouver un renseignement ou un service dans ce gigantesque fouillis informatif mondial, nous utiliserons des « agents intelligents* ».

L'avènement de cette « société de l'information » est un enjeu majeur pour l'économie mondiale, car la mise en place des infrastructures (les « tuyaux » eux-mêmes) et le développement des services (le contenu) devraient être facteurs de croissance et de création d'emplois.

Maillage mondial

D'un point de vue technique, les « autoroutes de l'information » doivent être numériques* (informations codées en langage informatique uniforme). Seule la fibre optique paraît capable de transporter des données en quantité importante à grande vitesse. En fait, les « inforoutes » (l'autre nom des « autoroutes de l'information ») se mettent déjà en place petit à petit. Elles sont composées, pour l'instant, d'un patchwork de technologies : fibre optique, fils téléphoniques en cuivre, lignes spécialisées, réseaux câblés, ondes hertziennes, etc. Déjà, Internet* et les réseaux câblés constituent une ébauche des « autoroutes de l'information » ; ils devraient servir de colonne vertébrale au système. Il s'agit maintenant de faire converger l'informatique, les télécommunications et tous les systèmes de diffusion d'informations.

Une nouvelle société

Cette évolution vise, selon ses ardents défenseurs, à enrichir l'humanité et à rendre la vie plus agréable. Le travail devrait être plus divertissant et le divertissement plus instructif. Mais ce bouleversement n'est pas sans risque. Il faut veiller notamment au respect de la dignité des personnes et à la protection de la vie privée menacée par le fichage. Les experts estiment que cette révolution concernera d'abord les entreprises avant de toucher les particuliers. Comme pour le téléphone puis le fax, la communication électronique par réseaux informatiques devrait se généraliser. Un jour, peut-être, s'abonnera-t-on à Internet aussi naturellement que l'on s'abonne au téléphone, au gaz et à l'électricité. Chacun disposera d'une adresse électronique comme il possède une adresse réelle. Certains ont déjà pris place dans ce train de la modernité. D'autres tardent à s'y installer. Chacun est pourtant concerné.

Trop c'est trop !
Selon une enquête, les cadres et les chefs d'entreprises sont stressés par le trop-plein d'informations parvenant des journaux, fax, boîtes vocales et maintenant Internet. Ils ne parviennent plus à faire le tri ni même à prendre des décisions. Ils passent plus de temps à chercher l'information qu'à l'analyser (une aubaine pour de nouvelles sociétés dont le métier est justement de trier les données pour les entreprises).

La « société de l'information » se met en place. Une société technique, mondiale, ultra-communicante.

Demain, un cybermonde ?

La cyberculture devrait modifier en profondeur nos habitudes de vie. Pour le meilleur ou pour le pire ? Les avis divergent.

L'avenir au présent

L'avenir, c'est déjà le présent. L'informatisation grandissante, au travail et au foyer, entraîne de nouveaux comportements. Elle conduit, par exemple, à une confusion entre travail et vie personnelle. Un rapport à boucler au bureau ? Il suffit de l'emporter sur disquette pour le terminer à la maison. Cela représente un avantage pour l'employeur mais, en contrepartie, l'employé a déjà pris l'habitude de s'octroyer quelques pauses sur son temps de travail pour faire un jeu vidéo. Le bouleversement en cours, qui s'annonce encore plus grand avec le développement des communications planétaires et du virtuel*, suscite les enthousiasmes les plus exagérés comme les pires réactions de frayeur. Au stade actuel, l'un comme l'autre relève souvent du fantasme.

Pour Nicholas Negroponte, fondateur du Media Lab*, écrit : « *Avec ces interconnexions, nombre de valeurs d'une nation vont céder la place à celles de communautés électroniques à la fois plus vastes et plus petites. Nous rencontrerons notre prochain dans des quartiers numériques où l'espace physique n'interviendra pas et où le temps jouera un rôle tout différent* [...] *La notion d'État va subir une mutation radicale.* »

Clivage

Parmi les craintes le plus souvent exprimées, figure celle de voir se constituer un monde à deux vitesses avec, d'un côté, les « info riches », habitants des pays riches qui pourront accéder à l'information planétaire, et, de l'autre côté, les « info pauvres » qui en seront privés. Il est vrai que, pour six milliards d'individus dans le monde, on ne compte que 180 millions d'ordinateurs concentrés essentiellement dans les pays occidentaux. 15 % de la population mondiale se partagent environ 75 % des principales lignes téléphoniques, et plus d'une personne sur deux ne se sert jamais d'un téléphone. Dans ces conditions, on voit mal les populations africaines ou asiatiques participer prochainement à la « société de l'information » (*voir* pp. 50-51). D'autant que, par ailleurs, certains États comme la Chine, la Corée du Nord ou l'Iran tentent de limiter l'accès de leurs concitoyens à Internet*, qu'ils considèrent comme un « poison » occidental. Enfin, au sein même des pays riches, les citoyens les plus pauvres et les moins éduqués auront sans doute également du mal à s'inviter à cette grande « fête numérique ».

Contre

Le philosophe Paul Virilio pense que « *nous aimerons notre lointain au lieu d'aimer notre prochain* [...]. *L'hyperville virtuelle sera le siège d'une désintégration sociale potentielle* ».

Un monde virtuel

Certains prédisent l'avènement d'un « monde virtuel » parallèle : nous ne nous rencontrerions plus au marché, à l'école ou à l'église mais uniquement par écrans et claviers interposés. Paradoxalement, ces « machines à communiquer » tueraient donc la communication directe. Cela conduirait à une sorte de « dématérialisation » des rapports humains. Certains, philosophes ou experts, s'en émeuvent. D'autres considèrent qu'il s'agit d'une évolution normale dont les effets doivent être relativisés.

Stop ou encore ?

A-t-on le choix ? L'avenir est-il ailleurs que dans le futur ? Il est certain que la profusion des sources d'information risque de conduire à la dilution de certaines valeurs de cohésion sociale. Aujourd'hui, dans les cours d'écoles comme au bureau, les émissions de télévision de la veille constituent souvent des sujets de conversation qui nous rapprochent les uns des autres. Demain, le *Journal de 20 heures* ou *Hélène et les garçons* seront peut-être moins fédérateurs. Chacun passera plus de temps dans sa propre « communauté virtuelle » (devant un programme télévisé sportif, dans une partie de jeu internationale en réseau ou face à un documentaire guatémaltèque traduit par ordinateur...). Les cercles sociaux traditionnels risquent de faire place à des « tribus informatiques » sans frontières. Mais ces divagations numériques remplaceront-elles jamais le plaisir d'un repas entre amis ? La nature humaine a des ressources insoupçonnées. On peut souhaiter que l'abondance d'informations nous apporte la facilité de nous informer mais pas l'abrutissement. Par l'apprentissage et la maîtrise de ces techniques, l'individu peut acquérir les moyens de se prémunir de leurs effets pervers. En théorie, l'âge numérique devrait être un âge de maturité pour l'homme.

Experts et philosophes s'opposent sur la vision de l'avenir. Demain sera-t-il virtuel ? Faisons confiance à l'homme.

Une cyber-journée

À quoi ressemblera une journée dans les années 2000 ? Certains équipements de l'ère « cyber » sont déjà là, d'autres ne sauraient tarder. Microfiction.

Maison intelligente

7 heures 30. Éléonore dort encore. Une chanson des Beatles (un groupe anglais des années 1960) emplit soudain la pièce et une voix douce annonce : « *Bonjour Éléo, il est l'heure de se lever* ». L'odeur du café parvient jusqu'à la chambre. Le réveil électronique a déclenché la cafetière électrique programmable. Au moment où Éléonore franchit la porte de la cuisine, les toasts chauds sautent du grille-pain. Tous les appareils ménagers sont synchronisés sur la « centrale domotique* ». Éléonore est une jeune citadine des années 2000. Un coup d'œil à la pendule digitale lui indique que son « majordome électronique » l'a tirée du lit une demi-heure plus tôt que prévu. Sur son « écran-set de table », en beurrant ses toasts, elle apprend, parmi les nouvelles du jour, qu'une grève surprise des transports publics a été déclenchée la veille. En raison des bouchons, elle devra prendre sa voiture environ une demi-heure plus tôt. La centrale électronique, reliée à un service payant d'informations numériques à distance, a ajusté automatiquement l'heure de réveil d'Éléonore en fonction de cet événement.

Visio-travail

Éléonore travaille dans la publicité. Aujourd'hui, elle a un « visio rendez-vous » avec un important client à Boston aux États-Unis. Elle doit lui présenter une maquette vidéo destinée à une prochaine campagne. À 14 heures, son ordinateur établit la liaison Internet* avec son correspondant. Bob Coleman apparaît sur l'écran. « *Bonjour, monsieur Coleman* », lance la jeune femme en faisant un petit signe de la main. Elle maîtrise l'anglais mais, aujourd'hui, elle préfère utiliser le programme de traduction automatique intégré au logiciel *Win-Navigator*. Elle a programmé un clone de son visage pour que son interlocuteur ne s'aperçoive pas qu'elle n'est pas maquillée. La vidéo publicitaire défile dans un coin de l'écran. Sur une sorte de *paper-board* électronique, les deux correspondants inscrivent en temps réel leurs remarques respectives. Éléonore envoie la vidéo à Bob par courrier électronique*, puis elle le salue et coupe la liaison avec Boston. Mais l'ordinateur reste allumé. À cette époque, les prix des communications sont forfaitaires et l'on demeure branché en permanence sur les réseaux mondiaux.

Cyber-courses

15 heures. Éléonore a un peu de temps et elle décide de faire ses courses. Sans quitter son bureau. Elle se branche, toujours via Internet, sur une « galerie marchande virtuelle ». À la souris, sur l'écran géant accroché au mur, elle déambule dans les rayons du « cyber-supermarché », remplissant son caddy virtuel de victuailles. Elle achète aussi un CD de *Bon vieux temps* (un groupe français à la mode ces temps-ci) dont elle écoute quelques extraits sur son ordinateur. Elle règle ses achats par carte bancaire grâce au lecteur de paiement sécurisé. Ses courses lui seront livrées à domicile dans la soirée. Éléonore se rappelle l'époque où il fallait passer de longues heures dans les rayons des supermarchés, le temps perdu, la fatigue et les disputes qui en découlaient avec son ex-ami. C'était avant sa rencontre avec Thomas sur un canal de dialogue en réalité virtuelle. Biiip ! Son « agent intelligent* » lui signale qu'il a trouvé un billet d'avion à moitié prix, comme elle l'avait demandé, pour ses prochaines vacances à Tahiti.

Infos à la carte

Dans sa voiture, de retour à la maison, Éléonore est interrompue dans ses rêveries par un appel sur son téléphone mobile. Zut ! C'est ce raseur de Christian (son nom s'affiche en toutes lettres sur l'écran du cellulaire). Elle décide de ne pas répondre, et le perturbateur est automatiquement basculé sur la messagerie vocale. Elle commande à l'autoradio : « Infos ». L'appareil se cale automatiquement sur la fréquence des nouvelles. Elle prend connaissance de l'actualité de la journée. Pas de sports. Elle a sélectionné, par thèmes, les informations qui l'intéressent grâce aux multiples canaux thématiques DAB* de France Info (une radio des années 1990 qui a bien changé depuis... Les nouvelles sont dites « en vrai » par les journalistes ou bien par leurs synthétiseurs vocaux personnels). Soudain, quelques notes de musique et un message sur l'écran près du volant : « *Il n'y a plus de beurre.* » Depuis la maison, le réfrigérateur a transmis le message à l'ordinateur de bord. Éléo s'arrêtera chez l'épicier du coin.

Une sélection de CD-Rom et de sites Web

Voici quelques produits multimédias* « hors ligne* » et « en ligne* ». La cyberculture étant affaire de gros sous, voici également les prix de divers appareils.

Quelques CD-Rom

Encyclopédies

Larousse multimédia encyclopédique (Liris Interactive, 750 F) : très complète et simple à manier, l'une des meilleures encyclopédies sur CD-Rom*.

Encarta (Microsoft, 650 F) : une grande et belle encyclopédie multimédia.

2000 ans d'histoire de France (Havas Édition Électronique, 400 F) : une encyclopédie interactive de Vercingétorix à De Gaulle.

Arts

Le Louvre (Montparnasse Multimédia, 390 F) : un *best-seller* ! 150 000 exemplaires vendus.

Le Musée d'Orsay (Montparnasse Multimédia & RMN, 390 F) : une vraie visite virtuelle dans les salles du musée parisien.

Le Mystère Magritte (Virtuo, 350 F) : un mariage réussi entre l'œuvre de Magritte et le multimédia (prix Möbius 1996).

Fiction

20 % d'amour en plus, François Coulon (Kaona, 250 F) : un roman illustré interactif.

Jeux

Flight Simulator (Microsoft, 449 F) : le plus célèbre simulateur de vol.

Myst (Broderbund, 400 F) : un titre culte !

Versailles, complot à la cour du Roi-Soleil (RMN, 349 F) : une enquête passionnante à la cour de Louis XIV.

Creatures (Warner Interactive, 249 F) : pour élever soi-même ses propres créatures virtuelles.

Enfants

Opération Teddy Bear (Flammarion, 299 F) : une BD interactive au cœur de la Seconde Guerre mondiale.

Kieko et les voleurs de la nuit (Ubi Soft, 250 F) : un conte d'éveil pour les tout-petits en pleine forêt amazonienne.

Le Livre de Lulu (Flammarion, 350 F) : un conte poétique multimédia.

Sites Internet

Alta Vista (recherche de sites) www.altavista.digital.com/
Nomade (recherche de sites fr.) www.nomade.fr

Le Louvre	www.louvre.fr/
Le musée d'Orsay	www.musee-orsay.fr
Grotte de Vallon-Pont-d'Arc	www.culture.fr/culture/gvpda.htm
Liste de musées en ligne	www.ircam.fr/divers/musées.html
Premier ministre	www.premier-ministre.gouv.fr/
Liste de sites administratifs	www.admifrance.gouv.fr/
Le Monde	www.lemonde.fr
Radio France	www.radio-france.fr
France Info	www.radio-france.fr/france-info
Chroniques informatiques	www.radio-france.fr/france-info/jcolombain
CNN	www.cnn.com/
CIA	www.odci.gov/cia
FBI	www.fbi.gov/
Hotwired (cyberculture US)	www.hotwired.com
Nirvanet (cyberculture fr.)	www.nirvanet.fr
Offres d'emploi	www.cadresonline.com
Galerie marchande virtuelle	www.globeonline.fr
Milan presse	www.milanpresse.com/
Guide du Routard	www.club-internet.fr/routard
Dégriftour	www.degriftour.fr
Sida	www.vih.org
Les Fourmis (roman)	www.imaginet.fr/fourmis
Jeux	www.idsoftware.com www.ubisoft.fr www.zone.com

Quelques prix

(prix indicatifs janvier 1997)
Ordinateur multimédia : 5 000 à 15 000 F
Imprimante : 1 000 à 4 000 F
Scanner : 1 000 à 5 000 F
Abonnement Internet (par téléphone) : 60 à 150 F/mois (plus les communications)
Ordinateur de poche (PDA) : 2 000 à 4 000 F
Organiseur : 300 à 900 F
Téléphone mobile : 0 à 2 000 F (plus abonnement et communications)
Messager de poche : 400 à 700 F
Appareil photo APS : 1 000 F à 3 000 F
Appareil photo numérique : 3 000 à 9 000 F
Caméscope numérique : 3 000 à 7 000 F
Caméscope numérique DV : 15 000 à 35 000 F
Antenne TV parabolique : 1 000 à 5 000 F
Abonnement bouquet numérique TV : 150 à 400 F/mois
Décodeur Internet TV : 1 500 à 2 500 F.

Glossaire

Le vocabulaire de la cyberculture est complexe. De plus, il évolue sans cesse. Voici un glossaire pour s'y retrouver.

Agent intelligent : programme ou logiciel de recherche d'informations selon des critères précis sur un réseau informatique.

Bit : la plus petite unité numérique : 0 ou 1 (des mots anglais *binary* et *digit*).

Bouquet numérique : ensemble de programmes TV numériques distribué par un opérateur unique.

***Bug* (ou bogue)** : erreur dans un programme informatique.

CD-Rom (*Compact Disc-Read Only Memory*) : disque compact contenant du texte, du son et des images. S'utilise sur un ordinateur.

Compression numérique : procédé consistant à comprimer les données pour accroître leur vitesse de transfert au sein des systèmes informatiques (MPEG2 est la norme de compression en vigueur pour la vidéo numérique).

Courrier électronique (*e-mail*) : système permettant d'échanger des messages par ordinateurs via Internet.

Cracker : pirate informatique qui s'introduit par effraction dans les systèmes informatiques en passant outre les protections et les mots de passe.

Cyber : tout ce qui concerne l'informatique et les réseaux de communication (vient du grec *kubernan* signifiant « gouverner »).

Cybercafé : établissement où les clients peuvent utiliser Internet grâce à des ordinateurs mis à leur disposition.

Cyberculture : connaissances et usages propres aux utilisateurs d'ordinateurs et de produits multimédias, particulièrement les réseaux informatiques. La cyberculture a une connotation « branchée ».

Cyberespace : l'univers immatériel des réseaux informatiques (mot inventé par l'écrivain américain de science-fiction William Gibson).

Cybernétique : adjectif dérivé de « cyber ». Également : science des robots (machines capables de se « gouverner » elles-mêmes).

DAB (*Digital Audio Broadcasting*) : diffusion audionumérique. La « radio de l'an 2000 ».

Décodeur Internet : appareil permettant de se connecter à Internet via un téléviseur.

Disque dur : unité interne d'ordinateur destinée au stockage des programmes.

Disquette : support permettant d'introduire des données dans un ordinateur et de faire des copies de sauvegarde.

Domotique : informatique appliquée à la gestion des appareils électriques à la maison.

DVD (*Digital Versatile Disc*) : CD multimédia d'une capacité 7 à 26 fois supérieure à celle d'un CD-Rom.

En ligne (*on line*) : branché sur une source distante d'informations (par exemple : un ordinateur connecté à Internet).

Forum de discussion (*newsgroup*) : espace de dialogue thématique sur Internet par courrier électronique.

Fournisseur d'accès (ou *provider*) : société commerciale auprès de laquelle il faut s'abonner pour pouvoir se connecter à Internet (ex. : Club Internet, Imaginet, Wanadoo, etc.).

Hacker : bidouilleur informatique pouvant devenir un pirate s'il va trop loin...

Hors ligne (*off line*) : non branché sur une source distante d'informations (exemple : un CD-Rom).

Hypertexte : texte comportant des mots clés « cliquables » permettant d'accéder à d'autres parties de textes ou à d'autres documents.

Interactivité : c'est la possibilité d'intervenir sur le déroulement d'un programme multimédia en cliquant sur des icônes ou des mots clés.

Internaute (ou cybernaute) : utilisateur d'Internet.

Internet : réseau informatique mondial permettant d'échanger des textes, des sons, des images, du courrier, de faire du commerce, etc. Peut-être le futur système universel de télécommunication.

Intranet : réseau interne d'entreprise fonctionnant selon la technologie Internet.

IRC (*Internet Relay Chat*) : messagerie en temps réel sur Internet.

Media Lab : laboratoire du *Massachusetts Institute of Technology* (MIT) spécialisé dans les nouvelles technologies.

Microprocesseur : puce électronique effectuant les calculs nécessaires au fonctionnement des logiciels, c'est le cœur de l'ordinateur.

Modem (modulateur-démodulateur) : appareil électronique permettant de connecter un ordinateur à une ligne téléphonique.

Morphing : déformation d'image par ordinateur.

Multimédia : association de textes, de sons et d'images sur ordinateur (CD-Rom, sites Web, etc.). Au sens large : alliance de l'ordinateur, du téléphone, de la télévision, etc.

NC (*Network Computer*) : ordinateur de réseau sans disque dur réservé à l'utilisation d'Internet (« terminal Internet »).

NTCI : nouvelles technologies de communication et d'information. Une appellation un peu fourre-tout qui désigne l'ordinateur, les réseaux de communication, etc.

Glossaire (suite)

Numérique : technique de codage uniforme des données sous forme de nombres (0 et 1). La base de l'informatique !

Numérisation (ou digitalisation) : transformation d'un document analogique (texte, photographie, son, etc.) en fichier informatique numérique.

PC (*Personal Computer*) : ordinateur personnel. Mais le « PC » est aussi un modèle spécifique d'ordinateur concurrent du MacIntosh.

Pentium : dernière génération de microprocesseurs Intel.

Scanner : appareil permettant de numériser un texte ou une image.

Serveur Web : *voir* site.

Silicon Valley : région de Californie pilote en matière de haute technologie (*silicon* signifie « silicium », le matériau utilisé dans la fabrication des puces).

Site Web : c'est un service sur le World Wide Web (exemple : Le Louvre, Radio France, etc.). Chaque site, composé de « pages », a son adresse (exemple : www.louvrc.fr/).

Surfer : passer d'un site à l'autre sur Internet grâce aux liens hypertextes.

Téléachat : commande d'achat à distance via la télévision, le Minitel ou Internet.

Téléchargement : importation de fichier informatique via Internet sur un ordinateur, un téléviseur, etc.

Télématique : association des télécommunications et de l'informatique.

Virtuel : le contraire du réel et du matériel, tout ce qui est créé artificiellement par ordinateur.

Virus : programme informatique pirate, pouvant causer des dégâts, qui se propage par contagion (via une disquette infectée ou par Internet).

Visiophonie/visiophone : communication à distance en son et en image (par ligne téléphonique, ligne spécialisée ou par Internet).

Webmestre (ou Webmaster) : responsable de site Web.

Windows : interface logicielle graphique (créée par Microsoft) devenue un standard sur les ordinateurs PC.

Windows CE : version *light* de Windows pour ordinateurs de poche.

World Wide Web (ou Web) : la partie multimédia d'Internet (en opposition au courrier électronique, au transfert de fichiers, etc.).

Bibliographie sommaire

Voici quelques ouvrages consacrés à différents aspects de la cyberculture. Les plus techniques sont signalés par un astérisque (*).

Guides

ALBERGANTI (Michel), *Le Multimédia : la révolution au bout des doigts*, Le Monde Éditions, Marabout, 1996.

BAILLY (Sébastien), *Encyclopédie Marabout du multimédia*, Marabout, 1995.

BAUCHE (Gilles), *Tout savoir sur Internet*, Arléa, 1996.

BELLIN (Olivier), *Le Multimédia*, coll. « Qui Quand Quoi ? », Hachette, 1996.

CEDRO (Jean-Michel), *Le Multimédia*, coll. « Les Essentiels Milan », Milan, 1995.

COLOMBAIN (Jérôme), *Internet*, coll. « Les Essentiels Milan », Milan, 1996.

DUFOUR (Arnaud), *Internet**, coll. « Que sais-je ? », PUF, 1996.

GUEDON (Jean-Claude), *La Planète cyber*, coll. « Découvertes », Gallimard, 1996.

MONET (Dominique), *Le Multimédia*, coll. « Dominos », Flammarion, 1994.

Enquêtes, essais, témoignages

GATES (Bill), *La Route du futur*, Robert Laffont, 1995.

GUÉRIN (Serge), *La Cyberpresse*, Hermès, 1996.

HUITEMA (Christian), *Et Dieu créa l'Internet**, éditions Eyrolles, 1995.

ICHBIAH (Daniel), *Bâtisseurs de rêves*, First, 1997.

MILEO (Thierry), *Les Réseaux de la société de l'information*, Commissariat général du Plan, 1996.

NEGROPONTE (Nicholas), *L'Homme numérique*, Robert Laffont, 1995.

NORA (Dominique), *Les conquérants du cybermonde*, Calmann-Lévy, 1995.

RENCONTRES INTERNATIONALES MÉDIA-DÉFENSE 95, *Les Manipulations de l'image et du son*, coll. « Pluriel », Hachette, 1996.

VIRILIO (Paul), *Cybermonde, la politique du pire*, Textuel, 1996.

Récits, fictions

AUBRY (Olivier), *D.R.E.A.M.S*, Denoël, 1997.

GIBSON (William), *Neuromancien*, La Découverte, 1985.

JARDIN (Alexandre), *Cybermaman*, Gallimard Jeunesse, 1996.

LE DORAN (Serge), ROSÉ (Philippe), *Cyber thrillers*, Albin Michel, 1996.

Revues

.net, *La Vague Interactive* (sur CD-Rom), *Netsurf*, *CD-Rom Magazine*, *Hachette.net*.

Index

Le numéro de renvoi correspond à la double page.

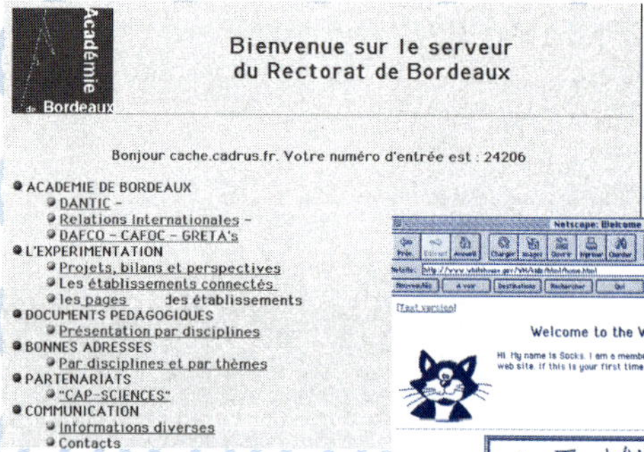

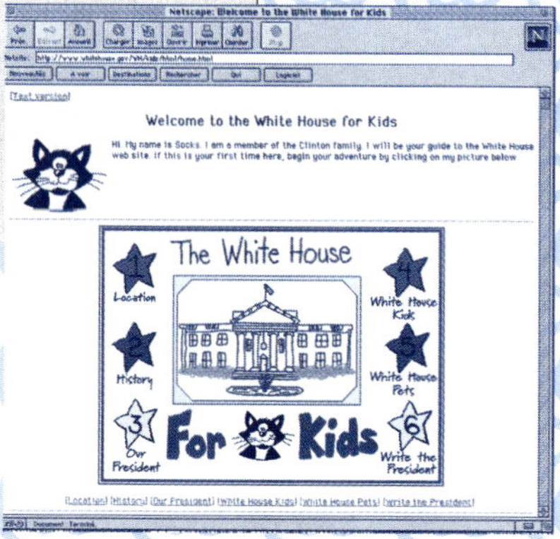

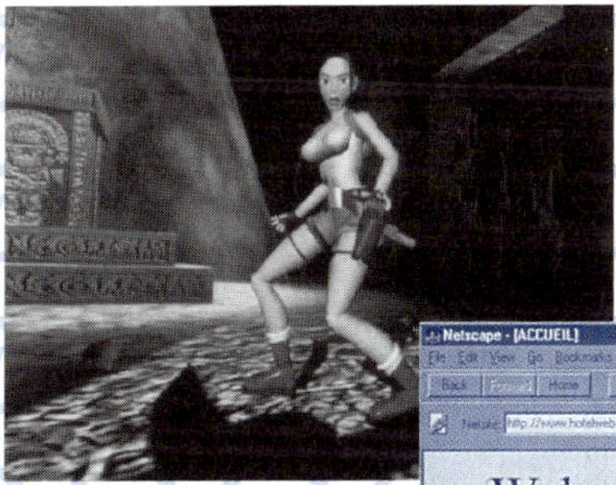

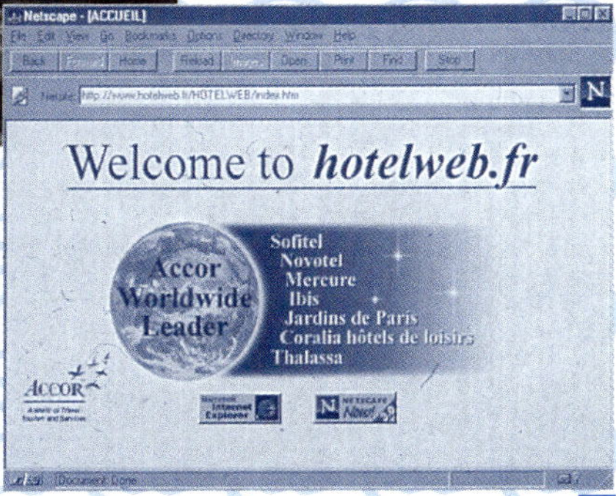
Netscape - [ACCUEIL]
Welcome to hotelweb.fr
Accor Worldwide Leader
Sofitel
Novotel
Mercure
Ibis
Jardins de Paris
Coralia hôtels de loisirs
Thalassa
ACCOR

Dans la collection *Les Dicos Essentiels Milan*

Dans la collection *Les Essentiels Milan*

Responsable éditorial
Bernard Garaude
Directeur de collection – Édition
Dominique Auzel
Secrétariat d'édition
Véronique Sucère
Correction – révision
Jacques Devert
Iconographie
Sandrine Batlle
Conception graphique
Bruno Douin
Maquette
isocèle
Fabrication
Isabelle Gaudon
Marie-line Danglades

Crédit photo : Alcatel : p. 3 / HP Pavillon : p. 5 / Kodak : p. 9 / IBM - France : p. 11 / Nokia : p. 15 / Apple - France : p. 17 / Philipps : p. 18 / Carré Multimédia : p. 20 - 21 / EDF : p. 23 / Parcelle - Réseaux " F. Forest : p. 27 / Nintendo : p. 28 / Warner Interactive p. 29 / DR : p. 30, 34, 35, 36, 39, 42-43, 46, 49 / " Canal + Multimédia : p. 33 / Infonie : p. 37 / Intel Cooperation : p. 38 / Oracle : p. 38 / Igrec Communication : p. 50

Les erreurs ou omissions involontaires qui auraient pu subsister dans cet ouvrage malgré les soins et les contrôles de l'équipe de rédaction ne sauraient engager la responsabilité de l'éditeur.

300, rue Léon-Joulin,
31101 Toulouse cedex 01 France

Loi 49.956 du 16.07.1949

Aubin Imprimeur, 86240 Ligugé. — D.L. octobre 2000. — Impr. P 60742